作战实验技术基础

Combat Experiment Technology Foundation

许仁杰　主编

吴东亚　程　洁　翟晓宁　纪伯公
胡雪松　蔡苒苒　刘高攀　吴熙曦
石　晶　赵露华　邵　伟　杜　君
杨　明　张付领　参编

国防工业出版社
·北京·

内容简介

本书综述了陆军作战实验的概况及现状，阐明了陆军作战实验的内涵、职能定位、研究对象，给出了陆军作战实验室的设计原则及设计方法，重点介绍了陆军作战实验相关及支撑陆军作战实验系统运行的基础技术，并给出了陆军作战实验的组织实施方法。

图书在版编目（CIP）数据

作战实验技术基础 / 许仁杰主编. —北京：国防工业出版社，2020.12

ISBN 978-7-118-12258-9

Ⅰ. ①作… Ⅱ. ①许… Ⅲ. ①作战模拟－模拟试验 Ⅳ. ①E83

中国版本图书馆 CIP 数据核字（2020）第 272484 号

※

国防工業出版社出版发行

（北京市海淀区紫竹院南路 23 号 邮政编码 100048）

三河市德鑫印刷有限公司印刷

新华书店经售

*

开本 710×1000 1/16 印张 9½ 字数 164 千字

2020 年 12 月第 1 版第 1 次印刷 印数 1—1500 册 定价 79.00 元

（本书如有印装错误，我社负责调换）

国防书店：（010）88540777 书店传真：（010）88540776

发行业务：（010）88540717 发行传真：（010）88540762

前 言

本书综述了陆军作战实验的概况及现状，阐明了陆军作战实验的内涵、职能定位、研究对象，结合编者的相关工作，给出了陆军作战实验室的设计原则及设计方法，重点介绍了陆军作战实验相关的基础技术，最后给出了陆军作战实验室的设计原则和设计方法，并给出了陆军作战实验的组织实施方法，对陆军作战实验室的建设有现实指导意义，可作为科研院所进行陆军作战实验研究的基础指导书，也可作为部队及军事院校相关专业的授课教材。

本书主要由陆军装甲兵学院许仁杰、吴东亚、程洁、翟晓宁、纪伯公、胡雪松、蔡苒苒、刘高攀、吴熙曦、石晶、赵露华、邵伟，及陆军研究院杜君、陆军边海防学院杨明编写。读者在使用过程中如对本书有意见和建议，欢迎来信交流，邮箱：jackyxu@ bit. edu. cn。

在完成此书过程中，编者参考了国内外相关领域的参考文档，在此对相关作者一并致谢。

目　录

第1章 绪论

战争伴随人类社会的发展而出现，通过实践方式积累经验和通过理论研究总结规律，自古是人类认识战争的两个基本途径。随着人类社会和战争复杂度的不断发展，通过各种模拟方式推演战争、研究战争逐渐成为新的方法手段。特别是随着信息技术的发展，陆军作战任务、武器装备、体制编制和作战思想都发生了前所未有的大转变。为此，必须发展陆军作战实验，从而支撑陆军关于作战问题的理性认识，推动陆军作战思想、法规制度和作战方式方法的创新发展。

1.1 陆军作战实验的职能定位

陆军作战实验是运用作战模拟的原理、方法和技术，在虚拟作战环境中，运用系统仿真和运筹分析等先进技术方法，推导式地研究信息化战争的特点规律，为作战实践和辅助指挥决策提供支撑，是推动产生陆军作战新理论、新概念、新战法、新结论、新思路的军事科技孵化器，对推动陆军作战理论创新研究、作战实验体系建设发展和作战效能提升具有十分重要的现实和长远意义。

1.1.1 推动陆军军事理论创新

重大而深刻的军事理论创新，往往同研究方法与研究手段的突破密切相关，甚至和方法论的变革有着紧密联系。进入信息时代，军事理论的突破发展必须借助于信息论、控制论、系统论、决策科学等现代科学理论，以及仿真技术、计算机技术、网络技术等技术手段。而当今世界正跨入智能化时代，未来战争具有明显的智能化特征，这对于传统的军事理论将是一场重大挑战。

陆军作战实验作为一种富有革命性的军事问题研究方法，是陆军军事理论创新的一把“金钥匙”。相对于逻辑推理、案例分析等其他方法，作战实验可以使理论创新更具有系统性和综合性。在逼真的实验环境中，人们可以通过精细筹划、精确计算和精密论证，实施全方位、全纵深、全要素的精确评估、精确分析、精确推算，确保在最恰当的时间、动用最恰当的力量、运用最恰当的手段，以最佳的作战资源配置获取最大作战筹划效益。未来的军事用户也可以自始至终参与实验，与实验研究人员一道及时、全面地了解军事理论，充分评估其军事需求，提出具体改进意见，以缩短新理论的生成周期。

近10年来，美军通过多种独特、有效的作战实验方法，围绕作战任务进行选项的比较分析，分析研判制胜机理，建立主要作战选项的强关联和弱关联，让对手难于掌握。例如，美军有关实验机构和军事智库，利用各种实验分析系统工具，通过持续实验探索以定向能武器等“光武器系统”为主战平台的制胜机理，提出了“光战争很可能成为新的战争形态”的实验结论，初步形成“光战争”理论。2014年底，美国防部正式推出“国防创新倡议”和第三轮“抵消战略”，也是基于探索现代战争制胜的实验结论支撑形成的。

1.1.2 支撑陆军作战方案验证

陆军作战实验对于陆军作战方案的制定和优选具有重要意义。一方面，信息化条件下战争组织指挥复杂，在筹划准备阶段，指挥员和指挥机关面临一系列需要通过定量分析回答的问题，特别是主要方向和关键环节的作战行动，需要借助计算机仿真评估，得到较为客观、合理的结果作为参考；另一方面，对于某些作战问题，如火力打击、夺取局部制信息权，受政治、经济、外交等多种因素制约，难以组织真实条件下验证，只能通过仿真手段进行评估、检验。

陆军作战实验在直观、快捷、经济、适用等方面表现出明显优势，使其可以用于完善陆军作战条令。相较于训练、演习等方式，作战实验耗费少、节约资源；相较于逻辑上的归纳、推理等方式，作战实验则更为直观、形象，并能进行量化分析。运用仿真实验手段，可以研究陆军作战方案在诸多因素作用下的效果，如方案完成的可能性、指挥协同是否简便、方案的适应性、风险的大小、方案的优劣。

主要军事强国高度重视作战实验在作战方案评中的应用。以美国为例，海湾战争、阿富汗战争和伊拉克战争中，美军运用联合分析系统、联合战区级仿真系统和扩展防空仿真系统等实验平台对作战方案作了预先检验，为方案的实战运用提供了支撑。

1.1.3 优化未来战争设计

陆军作战实验在虚拟战场上“预演”战争，用数据模型解析战争，成为研究战争的重要途径。通过模拟实验手段，能对战法进行多个层面的分析，找出该战法的有效使用条件，预测战法运用的可能效果、比较各种战法的优劣，从而对战法存在的利弊做出评估，避免在实际运用中导致重大损失和失败。

近 20 年来，美军非常重视作战实验对设计未来战争的特殊作用，先后组织了十余次系列化的作战实验，在实验中发现未来作战的挑战和制约，开发新的作战概念和指控理念，支持新作战样式的实验室推演，开展创新战法的试验，并在此类实验中探索作战体系仿真、作战系统分析等新兴技术。美军认为其军事转型已逐步由自发阶段上升为自觉阶段，由应对战争转变为设计战争，成为一种目的性很强、技术要求很高的综合性创造活动。

1.1.4 提高指挥决策效率

信息化战争的作战力量构成复杂，作战样式灵活多样，作战空间多维一体，信息对抗瞬息万变，导致作战决策不确定因素激增，对指挥控制的科学化水平提出了更高要求。

运用作战实验工具，可以对作战任务、作战目标、作战环境、作战条件等进行深入分析，辅助量化确定关键行动顺序、协同联动计划；分析各作战力量间的主动协同能力，通过比较实验发现制约因素和突出优势；探索分析动态指挥、快速指挥、精确指挥的组织流程、指控协同，提高指挥效率。还可以利用作战实验实施框架和应用系统环境，对作战体系的强弱选项、优势劣势进行定位性的量化分析评估，优化作战方案的主要战法等指挥决策选项。

近 5 年来，美军基本上每年都要搞 2 ~ 3 次大规模的联合特遣部队实验，以检验联合特遣部队的指控协调能力、综合作战能力和主要战法效能，这已经成为美军出兵海外必不可少的“前奏”。2015 年 5 月，美海军陆战队作战实验室结合在乌克兰举行的 18 国“快速三叉戟”联合军演准备，专门组织开展了系列先进作战实验（AWE）。先进作战实验是海军陆战队针对未来安全环境的再平衡和自身调整效果检验的持续性、高级实验活动，探索解决未来海空地联合作战的指挥控制领域重难点问题，以加快海空地联合特遣部队的整体指挥能力和关键联合作战能力的有效提升。

1.1.5 提升陆军训练效益

在探索和验证作战概念、创新和发展军事理论的实验过程中，同步借助计算机仿真技术、实验系统等手段，可以训练高层指挥人员和作战参谋人员，辅助部队的各种演习和实兵训练，加强指挥人员组织筹划作战的能力，提高部队武器装备的运用水平，增强部队打赢信息化条件局部战争的适应能力，确保作战实验发挥出训练作用。

目前，美军注重发挥计算机模拟在提高训练效益方面的作用。在“千年挑战 2002”“多国实验”等实验活动中，美军广泛运用模拟系统和各类平台模拟器，充分发挥作战模拟的灵活配置、多次重复、案例经济等特点，提高训练质量和效益。据美国海军陆战队的报告表明，在相同或更高的训练水平上，使用仿真模拟训练每人可节省 1762 ~ 1945 美元的弹药费用。

1.1.6 论证发展规划

作战实验可以对指挥控制的程序方法规则等重难点现实问题进行量化优化可视化的剖析研究，可以对指挥体系的运行规则、主要流程和交互方式进行全要素分析，实验结果可以用于提高指控机制科学性和关键流程可操作性。通过作战实验分析，可以探索适应未来作战需求的联合作战指挥体制与指控方式，仿真分析和模拟推导作战方式的演化趋势，研究主要作战方式对指挥控制体系的关键要求和量化指标。作战样式的改变是指挥方式变革的根本动因，通过要素排序实验找出新作战样式的指挥盲点，分析体系支撑，精确快速制胜的信息化战争指挥体系和运行机制的内在规律，美军在研的新一代作战实验平台，可以提供指挥机制分析与优化的实验环境和关键问题分析的技术方法。其中，特别需要注目的是基于大数据分析的仿真实验引擎核心技术，有产生颠覆性创新的可能性。从目前的发展前沿来看，基于大数据样本分析的仿真算法技术和建模技术就可能是产生创新的核心技术。此类仿真技术支持平行仿真，仿真分析实验系统与指挥系统平行运行，仿真系统同步访问指控系统的数据；超实时指控实体仿真分析技术，可进行跟踪式仿真分析和流程反馈式回归仿真分析；大跨域交互仿真，实现交战兵力系统、指控系统、仿真分析系统大跨度的实时交互式运行。

1.2 陆军作战实验的产生与发展

15 世纪以后，随着生产方式的发展变化，实验逐步从生产实践中分化出来，成为一项具有相对独立性的实践活动，作为科学研究的基本方法，萌发于自然科学领域，逐渐渗透到社会科学领域，20 世纪后期引入军事研究领域。

1.2.1 作战实验萌芽

作战实验并不是与战争同时出现的，早期人类战争只是原始的争斗，作战持续时间很短，并不存在作战谋略，也不会出现作战实验。随着战争复杂程度的不断提高，人们试图揭开战争的神秘面纱，通过简单的方式模拟作战从而获取战争规律便成为一种自觉行动。

早期的作战实验主要通过思维活动进行，军事家运用作战经验和理性思考对情况进行推演。古代从事军事的智谋有识之士，总结军事方面的经验教训，研究制胜的规律，这类论述军事的兵家著作称为兵书。中国古代的《孙子兵法》相传为春秋末期吴国将军孙武所撰，是世界公认的现存最古老的军事理论著作。《孙子兵法》继承、发展了前人的军事理论和战争经验，按不同的战争条件推演了作战过程，揭示了战争的若干客观规律。

后来人们改进了仅依靠抽象思维的作战模拟方式，进而使用辅助工具来研究战争，主要形式有原始沙盘、实兵演习和棋戏等。为了便于研究作战，古代军事首领利用砂石摆出山河地形，并在这类原始沙盘上推演敌我双方的军事行动，以推断战争的进程和结局，这是战术的雏形。我国春秋时期，墨子与公输般推演攻守战法，史书记载“公输盘九设攻城之机变，子墨子九距之”，双方通过“九攻九守”的攻防推演，制止了一场可能发生的战争。

除了原始沙盘模拟方法外，人们还发展了这一活动，把它变成了棋戏。中国、日本和印度的棋戏，都是模仿作战机理的游戏。例如，围棋设计利用计谋、人多力量强包围吃子，围地多为胜，是古代战争的一种体现；象棋的“楚河汉界”有着鲜明的战争特色。17 世纪中叶，欧洲出现了模仿战争活动的棋戏，用不同棋子表现长矛兵、戟兵和骑兵的专门功能，在棋盘上模拟他们战术机动的情况。以后，这种棋戏演变得越来越具体和复杂。

远在古代就已出现作战实验的思想的尝试，受社会发展和人类认知水平等限制，古代的军事研究活动还较为初步和原始，缺乏辅助手段。

1.2.2　作战实验的演变

武器装备的发展，以及战场空间的扩大，使得作战模拟越来越成为战争准备的必要手段。人们逐渐将战争形态抽象成为更为严谨的兵棋。兵棋由普鲁士的文职战争顾问冯·莱斯维茨男爵于 1811 年发明。一款兵棋通常包括一张地图、推演棋子和一套规则，通过回合制进行一场真实或虚拟战争的模拟。从第一次世界大战开始，兵棋模拟在真实战争中逐步进入实战应用，对于模拟军事部署、战斗进程和预测战争结果发挥了重大作用。随着第二次世界大战结束与冷战时代的到来，兵棋更是转向了新的应用领域，即论证设计武器系统和分析军事战略。

兵棋系统的开发是在此基础上，开发战略、战役或战术兵棋，以满足军事研究和部队训练的实际需要。主要分为三个阶段：第一阶段是开发手工兵棋，即在剖析国外兵棋系统的基础上，结合各自作战的重点，开发与制作满足需求的手工兵棋，通过手工兵棋在部队的实际应用，不断改进手工兵棋建设中存在的问题。第二阶段是在手工兵棋开发的基础上，建设半自动化的计算机兵棋系统，即将手工兵棋移植至计算机上加以实现。第三阶段是在前两个阶段比较完善的基础上，将兵棋系统与计算机模拟系统相结合，开发较为完善的计算机兵棋系统，并实现计算机兵棋系统与以往的模拟系统的无缝衔接。通过三个阶段的建设，最终形成较为完整的兵棋系统和相关配套设施。

第二次世界大战前，西方大国纷纷研究机械化条件下大规模作战方法，指挥筹划和部队演练的实验性内容进一步增加。科学实验已不限于研制各类武器装备、提高武器装备的作战效能，带有实验性的军事实践活动也逐步增多。为大规模运用装甲突击部队，德国进行了长期的战法实验性演习，为发动“闪击战”做了充分的战法设计和训练准备。第二次世界大战中英国、美国军队都建立了运筹组织，主要是研究如何提高防御和进攻作战的效果，作战实验走向了更为理性的轨道。

从近代直到第二次世界大战结束，各国军队在军事学术上普遍沿袭以经验归纳、智谋对策和哲理思辨为主的认知传统，在理论上没有形成作战实验的概念和方法，在实践上没有出现远超古代的作战实验工具。

1.2.3 作战实验兴起

第二次世界大战以来，随着系统工程理论的迅速发展，以及运筹学方法的广泛应用，运用数学模型对实际系统进行描述和试验研究成为作战实验的重要途径。计算机的问世及信息等相关技术的出现，都为作战过程的定量分析和作战指挥的定量描述奠定了基础，为作战实验的兴起提供了信息资源条件、认知技术条件和科学理论条件。

外军较早提出作战实验思想的是美国军事运筹学者莫尔斯和金布尔。1946年，他们在一个题为《运筹学方法》的研究报告中，明确提出了运用科学实验方法研究作战问题的基本理念。军事运筹学和作战模拟技术的兴起和普及，是这一时期最重要的军事科技成就之一。计算机于 1946 年问世，现代作战模拟技术开始起步。人们把作战思想、作战行动用数学方法描述出来，根据预定的规则、步骤和数据加以模仿复现，取得统计结果，为决策者提供数量依据。现代作战模拟创造了全新的作战实验技术，部分地解决了军事科学研究中难以通过直接实验的手段进行反复检验的难题，节省了大量的时间、人力和物力。现代作战模拟能对有关兵力、装备使用的复杂关系，从数量上获得深刻了解，可用于作战训练、武器装备论证、后勤保障以及军事学术研究等各个方面。按军种分，有合成军作战模拟、陆军作战模拟、空军作战模拟、海军作战模拟；按规模分，有战役模拟、战术模拟；按现代化程度分，有手工作战模拟、计算机辅助作战模拟和计算机化作战模拟。

1957 年，美军分队规模的“卡莫内特”陆战模拟模型研制成功，并在计算机上成功运行。该模拟模型弥补了和平时期军事运筹研究得不到实战检验的缺陷，标志着现代作战模拟的开端。1974 年，美国国防部的作战模拟应用清单中有400多个作战模拟模型，经常使用的就有152个。这一时期，军事运筹学和作战模拟技术的发展成熟，为作战实验的兴起奠定了关键技术基础。20世纪90年代，作战实验与战争形态的演进和军队的信息化转型结合在一起。海湾战争是一场高技术条件下的现代局部战争，美军之所以能以较小的代价取得重大胜利，有多方面的原因，其中之一就是运用了模拟实验的方法进行预实践，做了充分的准备。1999年，美军实施了首次联合实验——“联合实验战役99”，验证组织实施诸军种联合作战实验的可行性及效果。海湾战争后，美军确立了“提出理论—作战实验—实兵演练—实战检验”的军队发展途径。

从第二次世界大战结束到20世纪末，是作战实验蓬勃兴起的时期，主要得益于信息基础的发展、高新信息技术的发展，以及现代军事科学的发展。作战实验从理论到实践都形成了系统性的成果。

1.2.4 作战实验的发展

进入21世纪，以美军为主要代表的发达国家军队加快了作战实验领域的建设和推广步伐，覆盖军队各领域的信息化联合作战实验体系基本形成。美军建立作战实验室，以全新的革命化的研究方式对改变战争的方法进行实验，作为21世纪军队建设研究的主要途径。英军也高度重视建立战斗实验室，实现与多个国家的作战实验室通过广域网相连接，提供全球性的指挥控制研究、实验和环境评估，具有信息交换和交互操作的能力。

2000年10月，美军大西洋司令部正式改编为联合部队司令部，并设第9参谋部和联合作战实验室。2001年“9·11”事件后，美国家安全战略和军事战略进行调整，作战实验随之调整变化，迅速进入了向国防领域全面拓展的新阶段。美军提出了“防务实验”的新概念，把作战实验从正规作战领域推广到反恐作战以及维和、救援、缉毒等非战争军事行动领域。2003年，美军确定把联合实验作为实现军事转型的四大支柱之一，以联合作战实验室和军种作战实验室为核心，建立了训练机构、研究机构、作战部队以及军工结合的联合实验体系。美军作战实验理论逐渐成熟，相继出版了《作战实验最佳实践指南》《实验战役》《作战实验原理》等指导性规范，建立了作战实验理论基础。

作战实验伴随着人类战争的发展而发展，是人类不断深化战争认知的途径。特别是海湾战争之后，作战实验建设与应用全面迅速展开，促进了人们对作战实验的认识，推动了作战实验学科体系的形成。

1.2.5 我军作战实验发展

我军最先提出作战实验思想的是著名科学家钱学森院士。早在信息技术初见端倪的1979年，他就敏锐地看到了作战实验的发展趋势，指出：“战术模拟技术，实质上提供了一个‘作战实验室’，在这个实验室里，利用模拟的作战环境，可以进行策略和计划的实验，可以检验策略和计划的缺陷，可以预测策略和计划的效果，可以评估武器系统的效能，可以启发新的作战思想。战术模拟技术，把系统工程的模型、模拟和最优决策方法引入到军事领域。……如同对自然界实际过程的观察资料需要以科学实验资料来补充一样，作战过程的观察资料也需要以作战实验资料来补充。在模拟的可控制的作战条件下进行作战实验，能够对兵力与武器装备使用之间的复杂关系获得数量上的深刻了解。作战实验，是军事科学研究方法划时代的革新。”这个论述，精辟地阐释了作战实验的原理、手段、作用及其在军事科学发展中的变革意义，为我军作战实验的发展提供了科学指导。20 世纪 70 年代末，在钱学森院士的倡议下，我军现代作战模拟迈出了坚实步伐，1981 年 5 月组建了军事系统工程委员会，并召开了全国首届计算机作战模拟学术会议。

部分军事院校自主开发了若干作战模拟（实验）系统，比如石家庄和南京陆军指挥学院自主研制开发的可用于实验验证的作战模拟系统，初步尝试了将现代科学技术与作战训练相结合的训练路子，形成了陆军作战实验的模式和雏形。陆军在石家庄、南京建立了作战实验室，主要用于作战指挥训练、陆军战役战术模拟对抗演习和综合演练，以及军事信息系统研发、集成和应用性验证实验。朱日和训练基地成立了联合作战实验中心，开发并引进了多套作战实验系统。三界训练基地成立了“合同战斗实验室”，通过引进方式安装和部署了相应的作战实验系统，并正式成立实验组织实施机构，保证了作战实验的顺利开展。基地作战实验建设已经成为将院校作战实验成果转化为部队战斗力的“孵化器”和“倍增器”。根据原总参谋部制定的《陆军合成旅集中检验评估总体方案》，从 2014 年开始，跨越系列演习开始采取“受领任务、研究方案、实验论证、组织训练、检验评估”五步法，明确规定了作战实验作为其中的第三个环节，对部队作战方案进行实验验证。这是作战实验首次进入我军的作战指挥程序。

目前，我军正处于军事转型过渡期。军事转型需要作战实验，同时也促进了作战实验的发展。通过作战实验探索作战概念，验证未来军队建设方针、编制体制、作战构想、作战方案，演示各种可能在战场上运用的新技术、新概念、新模式，将成为我军实现跨越式发展的必然趋势。

1.3 陆军作战实验的方法

陆军作战实验有多种方法可供选择，常用方法主要有解析法、仿真法、推演法、演习法和综合研讨法等。

1.3.1 解析实验法

解析实验法，是将作战过程抽象为数学模型，进行计算分析的一种研究方法。解析实验法以控制关键的自变量，观察因变量的变化，进而考察实验结果。解析实验法主要依赖教学模型，例如兰彻斯特方程就是用常微分方程组描述敌对双方兵力消灭过程，分析交战过程中的双方伤亡比率，定性地说明集中兵力的原理。

运用解析实验法，需要建立抽象描述战争的数学模型。比如兰彻斯特的战斗力方程是：战斗力 = 参战单位总数 × 单位战斗效率。它表明在数量达到最大饱和的条件下，提高质量才可以增强部队的战斗力，这是倍增战斗力的最有效方法。把这种对战争的认识用可量化的数学模型表达出来，用以研究分析，找出战法运用的利弊得失，对战法做出客观评价。需要注意的是，解析法是用数学模型对真实战争的抽象，必然有基本假设、参数选择等主观因素，在实验过程中要充分考虑到这些因素的影响，运用的数学模型越抽象，获得的实验结果也越概略。同时，战争在不断发展，构建模型时需要对数学内涵有充分认识，例如在兰彻斯特方程特别适用于现代战争中分散化军队和远程火炮配置发生的战斗，但现代战争因信息差、空间差、时间差和精度差等问题造成单位战斗效率差别，就需要引入新的方法进行分析。

1.3.2 仿真实验法

仿真实验法，是利用计算机手段对所研究的系统行为过程进行仿真，进而观察系统的行动规律及各行为参数之间的相互关系，以获得实验论证所需的定量分析数据。作战仿真可分为多个层次，通常包括战略仿真、战役仿真、战术仿真、技术仿真等。

仿真实验法，需要对诸多技术进行综合运用，包括任务空间功能模型、综合自然环境建模、多分辨率建模、基于多智能体的计算机生成兵力建模、复杂大系统建模与仿真的 VV&A、仿真支持环境、基于网格技术的网络中心战仿真等。美国国防部一直将建模与仿真列为重要的国防关键技术，建立了世界上最完备的作战仿真体系。早在 1983 年，美国国防部高级研究计划署（DARPA）就与陆军共同制订了仿真组网计划。该计划的目标是将分散在各地的坦克仿真器用计算机网络连接起来，进行各种复杂作战任务的训练和演习。仿真实验主要依赖于计算机技术，模型构建的质量、信息网络的应用、系统运行的效率等将直接影响仿真实验的可信度和颗粒度。

1.3.3 推演实验法

推演实验法，是作战研究人员围绕战略战役等问题，依据战略方针、作战指导思想、体制编制与武器装备等条件，按照一定规则进行的推演活动。推演实验不仅可以帮助军事人员拟制方案，而更多的是用来检验方案，发现方案中可能存在的问题。如果推演以分析为目的，则通常对作战方案进行多次的反复推演，以查找不足，提出解决方法。

推演实验法，主要应用于分析方案、评估作战能力与作战效能、评估战法与作战条令等问题。推演实验方法包括三类：一是往复式推演，通常是一种针对某一问题进行反复推演的实验方式。它可以在一个作战阶段，围绕一个问题反复推演，研讨对策，直到问题获得解决，再进入下一阶段或问题的研讨推演，并在各次推演中可以重新设置推演的初始态势。二是连续性推演，这通常是一种针对某一方案进行连续推演的实验方式，即一个回合接一个回合地连续推演完一个完整的作战方案。在各阶段推演中通常不可以重新设置本阶段的初始态势，前一阶段结束时的态势即下一阶段开始时的态势。三是混合式推演，即在推演过程中，可能在某些阶段上采用往复式推演方法推进，而另一些则采用连续式推演方法进行；也可能是在往复式推演中局部利用了连续式对抗推演方法，或在连续性推演中局部利用往复式推演方法。

1.3.4 实兵演习法

实兵演习法，是为了达到研究战争的目的，在模拟环境下有真实兵力参加的作战实验活动。美军在加利福尼亚建有陆军最大的训练基地“欧文堡军事基地”，主要组织美国本土的重型师、旅和营级部队在高强度作战环境中进行合成训练，以提高战斗力。

实兵演习法，强调训练环境与战场的一致性，通常会设立假想敌以进行对抗训练。实兵演习是所有作战实验方法中最有效的方法，但同时也是最耗费物质财富和时间的实验方法。与其他实验方法相比，组织同样课题的实兵演习，费用差异可能达到若干个数量级，因此实兵演习通常主要是在战术层次和有限的战役层次上组织实施。随着训练模拟技术的广泛运用，实兵演习融入综合战场仿真环境中成为必然趋势。综合战场仿真环境是演练或作战实验中多个现场、虚拟和推演模拟系统的集成。例如，2002 年美军举行的“千年挑战 2002”演习，其中 80% 以上的演习内容采用了计算机模拟的方法，很多演练内容融合了实兵、虚拟仿真平台与计算机模拟系统等手段。

1.3.5 综合研讨法

作战问题具有非线性、不确定性、多层次性、变化多因素和涌现等特点，属于社会复杂巨系统。解决这样的复杂问题，需要集中诸多领域专家智慧，构建开放式群体研讨决策支持的研讨平台。

钱学森在20世纪80年代中期就提出“系统论是整体论和还原论的辩证统一”，并于1992年把处理开放的复杂巨系统的方法论表述为综合集成研讨厅体系。其基本观点是对于自然界和人类社会中一些极其复杂的事物，从系统学的观点来看，可以用开放的复杂巨系统来描述，解决这类问题的方法是从定性到定量的综合集成研讨厅体系。综合集成研讨厅体系就其实质而言，是将专家群体、数据和各种信息与计算机、网络等信息技术有机结合起来，把各种学科的科学理论和人的认识结合起来，建立一个既有广泛的远程研讨人参加的，又有专家群体在中心研讨厅进行最终研讨决策的，大范围、分布式、多层次、自下而上递进式、人机动态交互性的研讨、决策体系。这种综合集成的研讨厅体系又称为大成智慧工程。综合研讨法通过集中专家智慧，寻找问题的解决方案和途径，探寻战争规律。

1.4 作战实验的研究对象

作战实验学研究对象主要包括作战实验学的学科体系和作战实验的理论体系两个方面。从作战实验学的学科体系来讲，主要是分析作战实验学的基本内涵、与相关学科的关系、研究方法，探讨作战实验的地位与作用，揭示作战实验的形成与发展等，从而在理论上搞清作战实验学的内涵与外延，把与之相似或相近学科的区别和联系搞清楚，以便准确把握这一学科的研究方向，确定研究的重点，建立科学理论体系。从作战实验的理论体系来讲，主要是研究作战实验基础理论、作战实验工程理论和作战实验应用理论。

作战实验学必须紧紧围绕作战实验的基础性、原理性问题来展开，从本源上对作战实验这一客观事物所具有的基本特征和本质属性进行概括，揭示作战实验的基本原理，把握作战实验运行机理，抓住作战实验的核心和实质，进而为作战实验理论体系的建立奠定扎实基础。作战实验学必须探讨把先进技术转化形成可用于作战实验支持手段的可能性、技术途径和实现方法，构建实验场所和环境，更好地支撑实验活动的顺利展开。作战实验学在研究作战实验客观规律的基础上，充分发挥主观能动性，探索作战实验运用方式方法，着重解决作战实验组织实施问题，也就是把握运用作战实验解决不同类型问题的总体思路，明确组织开展作战实验实际应用的步骤、策略与技巧，以高效开展实验活动，不断提高作战实验的军事实践价值。

第2章 陆军作战实验

信息技术的发展，使陆军作战职能、武器装备、体制编制和作战思想发生了巨大转变。仅凭研究借鉴外军信息化作战实践来认识现代战争规律，指导陆军将来作战，是不切实际，且难以实现的。因此，我们必须大力推动陆军作战实验的发展，运用虚拟作战实践手段，获取虚拟作战事实，用虚拟作战事实支撑陆军作战理性认识，推动陆军作战思想、法规制度和作战方法的创新发展。

2.1 陆军作战实验的基本内涵

概念是反映对象的本质属性的思维形式，是人类在认识过程中，从感性认识上升到理性认识，对所感知事物共同特点的概括。对概念的界定与阐释是陆军作战实验研究重要的基础性工作。克劳塞维茨曾指出，“任何理论首先必须澄清杂乱的、可以说是混淆不清的概念和观念。只有对名称和概念有了共同的理解，才可能清楚而顺利地研究问题。”因此，我们在讨论陆军作战实验前，必须先弄清楚陆军作战实验的基本概念。

2.1.1 作战实验

实验（Experiment）一词来自于拉丁语，其定义很多。《新世界词典》认为，实验是为发现未知事物或验证已知事物而进行的一切行动或过程。《辞海》认为，实验是根据一定的目的，运用必要的手段，在人为控制条件下，观察研究事物本质和规律的一种实践活动。《牛津简明英语词典》认为，实验是发明新事物、测试假设、演示已知事实的过程。上述对“实验”的解释各异，但是均包含三层含义，即实验有一定的目的、有必要手段、有过程活动。

从目前掌握的资料看，外军较早提出作战思想的是美国军事运筹学者莫尔斯，1946 年他们在“运筹方法”的研究报告中提出，军事行动实验主要不是用来进行训练，而是用来取得军事行动数量的深刻了解。这种想法是一种新的想法，并能产生重要结果。适当地实现这个想法，可能使一个国家的军事力量在和平时期紧紧跟上新的技术发展，避免在下一次战争开始后不得不消耗力量和浪费人力。但是，只是按一般的战术演习来处理军事行动实验是没有用的，作为有效的科学实验，它们必须由经过训练的科学家进行计划和观察。① 我国科学家钱学森 1979 年 7 月在一次演讲上指出：“在模拟的可控制的作战条件下进行作战实验，能够对有关兵力与武器装备使用之间的复杂关系获得数量上的深刻了解。作战实验，是军事科学研究方法划时代的革新。”②

2011 年版《军语》对作战实验的解释是：“在可控、可测、近似真实的模拟对抗环境中，运用作战模拟手段研究作战问题的实验活动。包括作战实验的规划设计、组织实施、分析评估等环节。”③ 该定义强调了仿真模拟实验，没有把实兵演习等方法包括在内，使用范围具有一定的局限性。军事科学院出版的《作战实验学教程》教材，把作战实验定义为：“作战实验是根据实验目的，运用科学实验的原理、方法和技术，在可控、可测条件下，改变作战实验中的军事力量、战法、作战环境等因素，从而认识和指导战争规律的研究活动。”④ 该定义内容较为宽泛，从理论层面上显得更加宏观，具有宏观指导作用。

以上都是从实验手段、实验环境、实验过程、实验变量和实验任务等方面来定义作战实验，都具有一定的局限性。一是从实验手段层次来讲，作战实验手段要明确表述作战实验特有的、具体使用的手段，即作战实验手段表述为“作战模拟”更加贴近作战实验具体情况、更加适合作战实验的整体要求；二是从实验环境来讲，作战实验环境应是可控、可测和可分析的环境；三是从实验目的来讲，作战实验的基本目的应当是验证假定，基本任务是获取虚拟作战实施，用虚拟作战事实去验证关于作战的假定。综上所述，可将作战实验定义为：在可控、可测和可分析的条件下，运用作战模拟手段，对有关作战的假定实施验证的实践活动。

2.1.2　陆军作战实验

与作战实验的概念相比，陆军作战实验主要是在实验对象范围上稍有不同。具体来说，陆军作战实验基本目的和实验对象主要是在与陆军作战相关的问题范围内。因此，借鉴作战实验概念，可以从作战实验的对象、方式、方法

① P·M·莫尔斯，G·E·金博尔著，程云门译：《运筹学方法》，中国人民解放军炮兵研究所，1980 年版。

② 王寿云：我国近代力学事业的奠基人著名科学家——钱学森，http://www.gmw.cn/content/2005-09/30/content_311975.htm。

③ 全军军事术语管理委员会：《中国人民解放军军语（全本）》，军事科学院出版社，2011 年版。

④ 卜先锦，张德群：《作战实验学教程》，军事科学出版社 2013 年版。

和目的四个方面来定义陆军作战实验概念，即陆军作战实验是研究陆军作战问题的科学实验活动，即运用科学实验的原理、方法和技术，在可控、可测的虚拟对抗环境中，有计划地改变作战实验过程中的作战力量、战法、作战环境等影响作战进程和结局的实验条件，实证性地研究战争和陆军作战行动的特点规律，为军事决策和战争实践提供科学依据。

2.1.3 正确理解陆军作战实验内涵

正确理解陆军作战实验的内涵，有助于更好地实施陆军作战实验，我们要注意把握以下三点。

一是注意把握陆军作战实验的本质。陆军作战实验的本质是具体实践活动。陆军作战实验目的、实验过程和实验主体职责都充分证明了陆军作战实验的实践性本质。陆军作战实验目的是用虚拟作战事实验证假定，与自然科学领域不同，作战实践检验受制因素很多，相对而言作战实验可几乎不受外部条件限制反复多次进行验证，进而获得理想的效果。

陆军作战实验活动是典型的实践过程。当陆军作战研究提出某种假定，需要未来作战事实进行验证时，作战实验者创设作战实验条件，运用作战实验工具作用于作战实验的虚拟对象，激发虚拟作战活动发生，控制发展作战进程，记录测量作战现象，统计分析作战数据；再把作战实验数据转换成虚拟作战事实，并提供给作战研究者，由作战研究者完成虚拟作战事实与假定的比对工作。这就是由实验目的、实验者、实验对象、实验工具和实验环境等要素构成的实验过程。这个过程清晰地表明，陆军作战实验是一个实践要素齐全、过程特征明显的实践活动过程。

陆军作战实验者的职责表明了作战实验的实践性本质。陆军作战实验者主要由军事运筹专家和计算机专家组成，其中军事运筹专家擅长理解军事需求、构建作战实验模型、获取作战实验数据和统计分析数据，但让军事运筹专家完成由虚拟作战事实到作战理论的升华却是勉为其难。作战研究范围十分广泛，对作战假定提供验证的需求必然是广泛而深刻的，仅靠少数人组成的作战实验者去解决广泛而深刻的作战问题也是不现实的。在作战理论研究过程中，如果把作战实验目标确定在探索作战规律层面上，势必造成作战实验团队无法高质量完成作战实验；在筹划组织作战过程中，如果把作战实验目标确定在作战决策层面上，作战实验者不仅难以完成作战实验任务，而且可能引起作战决策秩序混乱、决策责任不清等致命问题。

二是正确认识陆军作战实验与作战研究的关系。陆军作战实验与作战研究既相互支撑又相互区别，且不能相互替代。两者之间的区别主要表现在以下方面：从认识过程上来说，两者处于认识过程的不同环节，陆军作战实验属于实践、再实践环节，作战研究属于认识、再认识环节；从所达成的目的上来说，两者的使命任务不同，作战实验承担提供虚拟作战事实任务，作战研究承担发现作战本质规律任务；从活动形式上来说，两者的本质特征不同，陆军作战实验是有目的的具体实践活动，作战研究是透过现象发现本质规律的思维活动；从所遵循的规律上来说，陆军作战实验主要遵循规律性、相似性、验证性、因果性和数理统计分析等原理，作战研究主要遵循哲学思维、科学思维和形象思维等原理。两者之间的联系主要表现在：两者共处于“实践—认识—再实践—再认识”的辩证过程中，陆军作战实验提供虚拟作战事实支撑作战研究，作战研究提供理性认识指导陆军作战实验；陆军作战实验没有作战研究做指导，就可能失去发展方向，也就失去了存在的价值；作战研究没有陆军作战实验做支撑，就可能成为空想，停留在假定阶段难以前行。

三是正确处理陆军作战实验与作战研究的关系。首先是要合理区分陆军作战实验与作战研究的职能。在作战理论研究过程中，作战研究者负责提出假定，陆军作战实验者负责提供虚拟作战事实，再由作战研究者以虚拟作战事实为依据验证假定是否成立。在作战实践过程中，由作战指挥员提出作战构想、设计作战方法、制定作战方案和协调控制作战行动，由陆军作战实验者提供“如果……，就可能会……”的虚拟作战事实，由作战指挥员决定是否采用或采用多少实验结果，陆军作战实验者无权干涉也不承担相应的作战指挥责任。其次是要正确应用虚拟作战事实。陆军作战实验虽然是在虚拟条件下得到的虚拟作战事实，但仍具有一定的客观性和可信度。如果通过综合集成分析，把虚拟作战事实与人的实践经验有机结合起来，就能获得可信度更高的虚拟作战事实。陆军作战实验只能对虚拟作战事实的可信度承担责任，对原因分析、决策措施建议等不便于承担责任。

2.2 陆军作战实验的要素及分类

2.2.1 陆军作战实验要素

陆军作战实验要素是构成陆军作战实验的必要因素，是陆军作战实验的客观基础。陆军作战实验作为一种有目的的实践活动，必须具备实验目的、实验者、实验手段、实验对象、实验环境等五个要素，这些要素相互联系、相互作用，构成陆军作战实验活动的矛盾运动。

（一）陆军作战实验目的

陆军作战实验目的，是陆军作战实验者希望通过陆军作战实验想达到的预期效果。陆军作战实验任务不同，陆军作战实验目的不同，由此构成了陆军作战实验目的体系。在这个体系中最底层的实验目的是基本目的，是最根本的目的，是固定的唯一不变的，也不会受陆军作战实验任务变化的影响，即获取陆军虚拟作战事实。由陆军作战实验基本目的可衍生出陆军作战实验具体目的，而具体目的与具体实验任务相匹配，且随着实验任务的变化而发生变化。陆军作战实验具体目的有总目的和分目的之分。在陆军作战实验过程中，总目的适用于实施全过程，分目的适用于各个实验阶段，是总目的分解到各个阶段的产物。

确定陆军作战实验目的，必须要把握好三个方面：一是必须紧紧围绕陆军作战需求确定实验目的，做到目的明确、与作战需求相匹配、切实可行；二是必须保持陆军作战实验基本目的与具体目的的高度一致，切忌相互矛盾、南辕北辙；三是实验目的表述必须完整、准确、具体，切忌含糊不清、模棱两可。

（二）陆军作战实验者

陆军作战实验者，是对陆军作战实验活动相关各类人员的统称，是陆军作战实验活动的主体，对陆军作战实验成败具有决定性的影响。根据各类人员在陆军作战实验活动中的职能，可将实验者分为陆军作战实验领导者、实施者和保障者。陆军作战实验领导者是指领导、计划、协调陆军作战实验活动的机构和个人，陆军作战实验实施者是指在操作层面遂行具体陆军作战实验任务的机构和个人，陆军作战实验保障者是指遂行场地保障、系统保障等陆军作战实验保障任务的机构和个人。

陆军作战实验者的素质和能力，直接影响陆军作战实验的领导水平，直接影响陆军作战实验的实施效率，直接影响陆军作战实验的保障效率。提高陆军作战实验的素质和能力，要不断强化其理论学习，打牢陆军作战实验理论基础，促进陆军作战实验人才培养，锻造陆军作战实验队伍，积极组织参与实践，充分调动实验者的积极性和创造性，确保陆军作战实验整体水平不断提升。

（三）陆军作战实验对象

陆军作战实验对象是指作为陆军作战实验的主体——陆军作战实验者去认识和研究的客体，即陆军作战实验活动。陆军作战实验对象是陆军作战实验活动的重要组成部分，是陆军作战实验成败的重要影响因素。根据陆军作战活动层次，可将陆军作战实验对象分为联合作战中的陆军作战实验活动、陆军战役实验活动、陆军合同作战实验活动。实验对象通常在实验目的规定范围内进行选择。例如，某次作战实验目的是验证合成旅登陆作战方案的可行性，作战实验目的已经从根本上规定了作战实验对象是合成旅登陆作战方案相关问题。因此，只能选择某合成旅登陆作战实验活动为实验对象，而不能选择其他类型的实验对象。

（四）陆军作战实验手段

陆军作战实验手段，是指陆军作战实验者进行作战实验所采取的各种信息系统、装备、器材及其运用方法。目前，陆军作战实验所采用的手段主要有三类：手工实验手段、计算机模拟仿真手段、实兵检验手段等。手工实验手段主要包括地图、沙盘、手工兵棋等。计算机模拟仿真手段主要包括各种陆军作战实验信息系统。实兵检验手段主要包括各种以实验为目的的实兵演习。其中，计算机模拟仿真手段是陆军作战实验的信息化手段，也是目前应用最广泛的实验手段。陆军作战实验手段是作战实验的构成要素之一，是联结实验者与实验对象的桥梁和媒介，是实验者进行作战实验的物质基础和依托。

陆军作战实验手段的种类直接制约着作战实验方法的选择，其完善程度也影响着陆军作战实验目的能否顺利达成，因此必须要大力加强陆军作战实验系统、陆军作战实验模型和陆军作战实验数据等实验手段建设。

（五）陆军作战实验环境

陆军作战实验环境，是指实验者进行陆军作战实验活动的硬件环境和软件环境。不同的陆军作战实验活动，对作战实验硬件环境的要求有所区别。例如，使用手工实验手段时，对实验环境无特殊要求；而使用计算机模拟仿真手段时，则要求在专业化实验室或训练中心、网络教室、演练室等场所进行。陆军作战实验软件环境是对网络服务环境、系统平台和管理制度的统称，主要包括信息管理与服务系统、作战实验信息系统、集体研讨与对抗推算平台、作战数据统计分析工具和实验信息安全与保密环境等。陆军作战实验环境优劣直接影响作战实验的最终效果，因此必须加强陆军作战实验室统一管理、开放共享和协作攻关。

2.2.2　陆军作战实验分类

陆军作战实验通常根据实验对象、实验手段、实验方法等进行分类。

（一）按实验对象分类

根据实验对象，陆军作战实验可分为综合实验、要素（专项）实验、全程实验和片段实验等。

综合实验，是以陆军战役、合同（联合）战斗为实验对象的作战实验，具有要素全面、过程完整、动态运行的特征，需要全面设置实验条件和输入敌我双方完整的作战方案，进行综合模拟和评估分析。

要素（专项）实验，是以陆军某一作战要素为实验对象的作战实验，具有要素单一、过程完整、动态运行等特征，需要设置与某一要素（专项）相关的实验条件，输入某一作战要素（专项）的部署和行动方案，进行该要素（专项）的模拟实验和评估分析。

全程实验，是指对实验对象的战斗全过程进行连续实验。需要全面设置战斗条件，输入完整的战斗方案，按照战斗进程，进行战斗部署和行动方案的动态实验。在进行战斗行动实验时，由战斗开始模拟推算到战斗结束，而后进行评估分析。

片段实验，是指对实验对象的某个作战阶段或环节为对象进行的作战实验。在进行作战行动实验时，首先建立某个阶段的初始态势，驱动相关模型进行计算并输出行动结果态势。然后反复调整初始态势和影响因素，得到各种条件下的结果数据。最后对结果数据进行处理，得到某个片段实验结果。该方式支持作战实验在陆军战术、指挥想定作业课程中广泛应用。

（二）按实验手段分类

根据实验手段，陆军作战实验可分为计算机模拟仿真实验、兵棋推算实验、沙盘或图上推算实验、实兵推演实验等。

计算机模拟仿真实验是指将作战实验模型编成计算机程序，并通过以计算机为主体的现代技术设备进行的作战实验。按实现方法和手段，分为数字模拟仿真实验、物理模拟仿真实验和半实物模拟仿真实验；按模拟仿真的真实程度，分为实况模拟仿真实验、虚拟仿真实验和构造模拟仿真实验等。

兵棋推算实验是指运用兵棋手段，在模拟的、对抗的战场环境中所进行的作战实验。可分为手工兵棋推算实验和计算机兵棋推算实验。

沙盘或图上推算实验包括沙盘推算实验和图上推算实验。沙盘推算实验是指依托沙盘所实施的作战实验。依据沙盘类型，可分为实体沙盘推算实验和电子沙盘推算实验；依据实验情况，可分为单方实验和对抗实验。图上推算实验是指依托地形图所实施的作战实验，通常分为集团推算实验和个人推算实验，也可分为对抗推算实验和单方推算实验等。

实兵推演实验是指依托实兵实装现地推演所进行的作战实验，多用于合同战斗和军种作战实验，可分为实兵实弹推演实验和实兵非实弹推演实验等。另外，随着计算机实验技术的发展与广泛应用，出现了实兵推演与静态实验、动态实验相互融合的实兵推演实验方式。

（三）按实验方法分类

根据实验方法，陆军作战实验可分为静态实验、动态实验、人在环实验与人不在环实验等。

静态实验是指采用指标比对方法对实验对象进行的的作战实验。其实验原理是：根据实验对象特点，建立实验指标体系，预置各项指标的标准值；计算统计实验对象属性数值；比对标准值与属性值；比对结果进行综合，即可得到实验结果。该实验方式适宜对首长决心、作战计划等有明显指标特征的对象进行初步的概略实验。

动态实验是指采用过程推算方法对实验对象的行动过程进行逐步推算才能得到实验结果的作战实验。其实验原理是：根据作战条件，建立初始态势；启动行动过程，观察记录行动数据；逐步推算；调整影响因素，再推算、再记录；完成整个行动过程推算后，进行整体统计分析，得到作战实验结果。该实验方式适宜作战计划、协同计划等进行具体、详细的过程推演。

人在环实验是指把人对作战结果影响程度设为变量的作战实验。实兵演习实验、实战实验等都是典型的人在环实验。例如作战方案实验，如果把拟制方案用多少人，这些人的业务素质，用多长时间等因素作为实验自变量，那么这种实验就是人在环实验。组织实施人在环实验，在准备阶段，要培训那些作为实验对象的人员，使其达到实验设计的标准；在实施过程中，要督导人员按照实验设计规定标准规范行动；实验结束进行数据分析评估时，要考虑人员因素对实验结果数据的影响，并采取必要的措施消除影响，缩小误差范围。

人不在环实验是指把人对实验结果影响程度定为常量的作战实验。例如，模拟仿真实验，都是把人的影响因素设置为不变的常量，在实验对象行动过程中始终保持恒定，这样便于消除人的心理、行为等复杂因素的影响，使作战实验简便快捷。

2.3 陆军作战实验任务

陆军作战实验的基本目的是获取虚拟作战事实，其具体任务是获取创新军事理论、论证作战标准、推算作战过程和预测作战结果等所需要的虚拟作战事实。

2.3.1 获取创新陆军作战理论所需的虚拟作战事实

陆军作战理论是关于陆军作战基本问题的理性认识，通常表现为作战组织与实施的指导思想和基本原则等，具有鲜明的政治性、民族性、区域性和抽象性。创新陆军作战理论，通常在确定军事战略方针、制定陆军发展规划、修改陆军作战法规、组织实施陆军作战时进行。一般工作过程是：①由军事专家解读陆军作战理论，把抽象的理论转化成具体的评价指标体系；②根据评价指标体系及其评价需求，开发数字化的作战实验想定，准备相应数据；③由作战实验专家构建实验模型，进行计算分析，形成并提供与评价指标体系相对应的虚拟作战事实；④由军事专家根据评价指标体系和作战实验提供的虚拟作战事实，对作战思想进行评价验证，完成陆军作战理论创新任务。

2.3.2 获取论证陆军作战标准所需的虚拟作战事实

验证陆军作战标准正确性、可行性是陆军作战实验的具体工作之一。例如，通过作战实验，获取指挥员及其指挥机关处理作战业务工作所需要的人力和时间数据、测度作战指挥周期数据，制定作战指挥周期标准等。论证作战标准的一般工作过程是：①由作战标准制定者根据历史经验数据和未来可能条件，提出作战标准预案；②根据具体作战标准的特殊属性，确定作战标准实验任务；③根据实验任务和统计学要求，选择实验样本，设计作战实验，组织实施，记录实验数据，进行数据分析处理后得到虚拟作战事实；④依据虚拟作战事实对作战标准预案数据进行修改，完成陆军作战标准的论证任务。

2.3.3 获取推算陆军作战过程所需的虚拟作战事实

推算陆军作战过程是指在作战实验手段支撑下，分步实施作战过程推算的工作。例如，使用实兵、实装现地推演或使用计算机模拟实验系统进行作战方案推算（演）等。通常在微观决策层面或时间相对宽裕，对作战细节要求较高、既要作战结果又要作战过程的情况下，进行作战过程推算（演）。其工作过程是：①把作战思想、作战法规、作战方案、作战想定等数据化；②由实验组织者根据实验要求，调动实验资源（如实兵、实装；计算机作战模拟实验信息系统、数据和实验人员；数据采集、分析手段等）；③编制实验进程协调控制计划；④根据计划分步动作。实施过程中，当发现某一时段、某一空间、某一行动实体存在问题时，及时对想定方案进行调整完善，并退回起点再行实验，直至符合要求为止。实施过程中，应全面采集记录实验数据，推算（演）完毕后对每个阶段、每个行动的结果数据进行统计分析和可视化显示，展现完整的作战过程，完成推算（演）作战过程任务。

2.3.4 获取预测陆军作战结果所需的虚拟作战事实

预测陆军作战结果是指根据已知作战条件，将作战数据输入作战预测模型，经过模型运算直接给出作战结果的实验工作。例如，使用定量判定模型（QJM），输入陆军作战相关要素数据，可在较短时间内给出作战结果数据。通常在宏观决策层面或时间紧迫，对作战细节要求不高、只要结果、不要过程的情况下，进行作战结果预测。其工作过程是：①由人根据未来可能的条件，提出陆军作战指导思想；②根据作战思想制定作战法规；③根据作战法规和作战客观实际制定作战方案；④根据作战方案进行实验，可得虚拟作战事实。当虚拟作战事实与预期作战结果相一致时，说明作战方案、法规和指导思想是符合未来作战实际情况的，具有可行性。当虚拟作战事实与预期作战结果大相径庭时，说明作战方案、作战法规和作战指导思想与未来作战实际情况出入较大，需重新制定。当介于两者之间时，说明作战方案、法规和作战指导思想还有差距，需要进行修改完善。

在赋予陆军作战实验任务时，要注意把握好陆军作战实验与陆军作战研究两项工作的联系与区别。陆军作战实验是陆军作战问题研究的重要手段，它能够为反思陆军作战思想、论证作战法规和验证评估作战方案提供虚拟作战事实。但这些虚拟作战事实仅能够证明某种现象的真伪及其数量尺度，但不能说明原因，也不能提出对策。就像医院里的化验室，它仅能够说明某个事实，不能分析是何种原因导致了事实的发生，更不能提出治疗方案。因此，不能够把作战实验等同于陆军作战研究，赋予作战实验不能够完成的工作任务。

2.4 陆军作战实验流程

开展陆军作战实验需要遵照一定的流程，在实验中由于陆军作战实验目的、层次和类型不同，陆军作战实验的组织实施方法也有所变化，但主要包括实验选题、实验申请、实验规划、实验设计、实验准备、实验实施、分析评估、实验报告等主要环节。

2.4.1 实验选题

陆军作战实验选题，是根据陆军作战研究的实际需求，兼顾主、客观的可能条件，提出、论证和确定作战实验的具体题目。陆军作战实验的选题，决定着陆军作战实验活动的主攻方向和具体任务，与此同时也在一定程度上限定了实验活动的方法、途径和手段，对陆军作战实验活动的成败有着重要的影响。

（一）陆军作战实验选题要求

陆军作战实验可由上级指定、理论研究课题组或个人提出，也可根据需要，由实验室自行选定。需要指出的是，当课题较复杂时，需要确定陆军作战实验工作计划，写出开题报告或选题说明书，明确实验的主攻方向、研究对象、具体任务和基本要求，找出完成实验任务的最佳实施方案。选题时一般需符合下面三个要求。

一是选题要满足陆军作战实践的现实与未来需求，有实际的理论和应用价值。随着信息技术的发展，陆军作战领域不断提出这样或那样需要进行作战实验的问题，但这些问题不可能立即全部列为研究课题，在条件有限的情况下，只能选择那些迫切需要解决的问题作为选题的具体对象。

二是选题要充分考虑实现的主客观条件，以及当前现实条件下能否支撑课题的完成。一方面，必须考虑主观方面的可能性，例如实验者所具有的实验思想、理念等是否符合实验的需求；另一方面，必须考虑客观条件的可能性，例如实验所需的实验方法、实验技术、实验条件等是否能够得到保证，实验的时限是否能够支撑完成该项实验任务，实验的各项保障工作是否完善等，都要做客观的分析与估量。只有把必要性与可能性结合起来，才能形成选题的全部客观基础。

三是选题必须选择别人没有提出来的或别人没有解决或没有完全解决的问题。选择课题时，要敢于向传统理论和权威挑战，敢于开垦“处女地”、打开新局面；要尊重但不迷信学术权威，有勇气、有胆量提出新见解、新观点；要敢于深入到战场、危险作业区进行调查研究；要敢于选择风险大、价值也大的课题，在战胜风险中探索新领域、新规律。

（二）陆军作战实验选题步骤

陆军作战实验选题一般按照初选、精选、总结三个步骤来论证、评价，最后做出作战实验选题及其实施方案的决策。

第一步，初选。要正确地选定作战实验课题，应该在分析主、客观情况的基础上，运用科学的选题战术，做好预选工作。一方面，必须广泛了解和掌握作战实验的动态和情报，按照作战实验课题形成的规律与方法，挑选作战认识与实践活动中急需解决而又尚未解决的问题，确定当前对这些问题的研究已达到的水平，以及在哪些方面继续努力或进行开创研究。这既是选题之前也是初选过程中必须要做的事情，做好选题初选，可以为选题“扫描”提供客观、可靠、准确的依据，为课题研究做好必要的准备。另一方面，必须本着实事求是的精神，纵观全局，审时度势，多谋善断，仔细分析完成上级赋予或自己预选课题的主、客观条件，在值得研究的各个作战实验课题中确定哪些课题比较适于当前着手研究、哪些课题可以放到以后再研究。在进行衡量与选定时，不能好高骛远、左顾右盼、见异思迁，而应先易后难、由小到大，选准突破口，或把课题化整为零、各个击破，或从课题外围入手、再及中心，并保持选题的相对稳定性。

第二步，精选。在初选的基础上，坚持一定的标准，即课题的必要性、科学性、创造性、可行性和最优化，淘汰那些没有科学实用价值或有科学实用价值，但一时无法付诸实现的作战实验课题。在具体步骤上，可分为分析论证阶段和综合评价阶段。分析论证是指对立题依据、实施条件、效果等项目，按照顺序逐个进行剖析。综合评价是指在分析论证的基础上，综合各个项目的评定情况，定性、定量地判断所选课题的整体状况，为最后比较和选定课题及其方案提供依据。评价时，根据作战实验课题的性质和复杂程序，可以采取不同的方法。当课题及其作战实验条件比较复杂，或初选课题距离作战实验目标较远时，就需要重选课题或修正、调整课题方案，直至做出达到一定满意度的决策为止。

第三步，总结。在选定作战实验课题，并作出名副其实、恰如其分的命名之后，就可以进行选题的工作总结，拟制课题研究计划，写出开题报告或选题说明书。当然，课题的性质不同，对选题总结与报告的要求也不同，繁简程度也不同。计划、报告或说明书实质上是对作战实验选题的深化和展开，应具体说明课题性质和研究目的、意义，指出当前这一课题已达到的研究水平和拟解决的主要问题，提出进行课题研究的总体设计蓝图，明确研究的方法、步骤、进度和经费预算、物资器材保障等。其目的在于保证研究工作有目标、有组织、有计划、有步骤地展开。制定课题研究计划，要认真分析和预测课题研究的全过程，针对课题研究的性质、目的、要求、时限和条件进行统筹安排。对重大课题或多单位协作研究时，实施计划应更加明确和严谨。

2.4.2 陆军作战实验课题申请

陆军作战实验课题申请，就是按照陆军作战实验课题的审批程序及要求，将选定的作战实验课题及其相关文档资料，报相关职能部门审核、备案，并准予实施的过程，主要包括作战实验课题申报和评选两个部分。

（一）陆军作战实验课题申报

陆军作战实验课题申报的内容主要包括：课题负责人及课题组主要成员的基本情况；负责人和课题组主要成员近三年来取得的与本课题有关的研究成果；负责人和课题组主要成员近几年承担的重要研究课题；课题设计论证，如实验目的和意义、实验方法、所需实验设备和技术、实验内容和步骤等；完成课题的可行性分析；预期研究成果。其中，课题设计论证和完成课题的可行性分析是作战实验课题申报的主要内容。

（二）陆军作战实验课题评选

陆军作战实验课题的评选，一般由课题立项主管部门邀请一些专家组成课题评选组，依据课题评选细则，给每一个课题打分，再根据分值匿名评选出申请课题。评选中应坚持四个原则性标准：一是作战实验课题的研究价值是否显著；二是作战实验课题的实验设计、实验方法、实验内容等是否科学合理；三是课题研究在诸方面的突破；四是课题评选要公平公正，以科学评判标准为准绳，选优汰劣。总之，论证要符合逻辑，条理清楚，语言准确、简练，具有研究基础，进行了信息资料的查询和搜集等。

2.4.3 陆军作战实验规划

陆军作战实验规划是开展作战实验的基础，是对整个作战实验活动的宏观设计，其主要内容包括实验指导思想、实验目标、实验任务、实验工作指南等。

（一）陆军作战实验规划内容

一是作战实验指导思想，主要包括应当遵循和贯彻的军事思想及作战方针、原则，作战背景、作战对象和编制装备，以及实验目的、要求、对象和主要内容等。

二是作战实验目标，即作战实验工作要实现的目的和达到的标准。作战实验规划中的工作目标与实验课题批准书中的工作目标应当一致，对作战实验目的描述要具体、准确，便于实验者理解和实现，对工作标准要有确切定义和计量单位，要便于实验者理解和执行。

三是作战实验任务，通常包括作战实验设计任务、作战实验组织实施任务、数据分析评估任务和总结报告任务等。

四是作战实验工作指南，主要内容包括作战实验的阶段划分、实施步骤、实验场地、实验人员等。作战实验工作指南要求明确实验工作的列表清单、负责部门、完成标志、时限与要求等。

（二）陆军作战实验规划要求

陆军作战实验规划是一项基础性、全局性的工作，关系到整个作战实验活动宏观设计的科学与否。因此，在进行作战实验规划时，应注意以下几点：

一是指导思想要简明扼要、针对性强。制定指导思想时，一定要着眼全局，关照全程，使指导思想真正具有较强的针对性和指导性。

二是目标体系构建要科学、完备。目标是实验活动要实现的预期成果，决定着实验内容、方法、手段、流程、标准等的确定。对于综合性作战实验，还需对实验目标进行层层分解，构建完备的目标体系，以使每个实验阶段都有目标牵引。

三是实验任务要合理适度、重点突出。明确实验任务时，不能脱离实验指导思想、实验目标和实验主客观条件等的限制，且要合理区分不同实验阶段实验的重点任务，做到任务的合理适度、重点突出。

四是实验工作指南要素齐全、操作性强。实验工作指南要包含实验工作的列表清单、负责部门、完成标志与时限等要素。需要注意的是，这不是制定详细的实验实施计划，而是对整个作战实验工作事项的安排，而每部分工作都会有相应的详尽计划。所以，实验工作指南应提纲挈领，条目清晰。

2.4.4 陆军作战实验设计

陆军作战实验设计是对作战实验相关活动进行具体规划和安排，在整个实验过程中占有极其重要的地位，是作战实验过程的依据，也是作战实验数据处理的前提，直接关系到作战实验的质量和效益。

（一）陆军作战实验设计内容

陆军作战实验设计内容包括实验总体设计、实验问题设计、实验想定设计和实验过程设计等内容。

总体设计是从军事角度阐明问题研究的边界条件，即根据实验规划，确定实验指导思想、实验目标和实验任务，通过对作战对手、作战条件、作战需求、作战武器装备等情况的全面分析，明确问题研究的背景条件、作战目标、任务要求、打击手段、行动次序等，完成作战实验任务的结构化描述，形成初步的实验总体。

问题设计是采用运筹分析等方法，根据实验目标和要求，结合实验总体，实现对研究对象、假设条件等的量化描述，设计构建实验指标体系等，具体化实验问题背景及其实验目标。

实验想定设计主要是明确武器装备战技术性能、战场条件、作战编成和作战实体部署等实验初始状态背景数据，规划作战实体动作序列，设置作战实体的战术规则，描述作战活动过程。

实验过程设计是指依据实验目的和实验指标，对实验过程的总体设计和具体安排。

（二）陆军作战实验设计要求

一是注意把握好设计各环节的关系。实验总体、实验问题、实验想定、实验过程等各设计环节是相辅相成、密切关联的，要正确把握好各个环节的关系，提高工作效率，提高实验设计质量。

二是作战实验设计的作战条件要适应未来战争需求，要发挥好作战实验对未来战争的预实践作用，在想定的设计上要把未来战争信息条件的含量设足，尽可能多地为实验提供信息化战场条件。

三是作战计划与行动方案设计应具有一定的灵活性。作战实验的复杂性决定了在实验之前制定的计划和方案不可能完全涵盖实验中可能会出现的各种情况。通常，很多情况也是需要通过实验来发掘的，实验过程中态势变化发展的结局存在多种可能性，所以想定中的作战计划和行动方案的设计应该有充分的灵活性。

四是要考虑好人的不确定性因素、建模与仿真的运用、数据收集和分析计划、相关的政治和安全问题、与利益相关的人员或组织的沟通等因素。

2.4.5 陆军作战实验准备

在陆军作战实验设计完成后，为保证作战实验的顺利实施，还需在作战实验前根据实验目标、实验设计内容，做好实验数据准备、实验设备准备、实验组织准备和实验保障准备等。

（一）陆军作战实验准备内容

陆军作战实验数据准备是指输入作战实验需要的各种参数（又称作自变量），如基础数据、想定数据、方案数据等。

作战实验设备准备是指设置作战实验所需要的各种设备和设施，如地图标绘系统、数据库、模拟仿真系统、分析系统、推算系统、计算机和外部设备等实验所需要的各种软硬件，以及实验成员培训和召开会议的地点、观察员的会议室、留给参观者观看并且不打扰实验的地点，以及所有参与人员食宿的设施等实验所需要的各种配套设施。

作战实验组织准备是指建立健全作战实验活动的组织协调机构，把各种实验人员和单位组织成为一个高效的整体，并根据实验需要进行任务分配，明确分工协作，必要时还要进行相应的培训，实验组织主要包括实验规划和管理机构、实验室、实验部队等。

陆军作战实验保障准备是指为了使实验活动能够顺利实施，而必须做好的各种服务保障工作，主要包括系统保障、技术保障、人员培训等。

此外，作战实验准备还包括组织预先作战实验，主要是指正式实验之前，对整个实验过程进行的预演或彩排，旨在发现实验计划中存在的漏洞，以便修改和完善实验计划。

（二）陆军作战实验准备要求

一是作战实验数据格式要标准化。作战实验数据种类繁杂，各类系统要使用这些数据，必须对各种数据的表现形式、存储方式等进行明确的规范和约束。在准备这些数据时，需要按照作战实验系统的要求使用统一标准进行准备。

二是实验设备必须进行校验、测试与确认。只有各种实验设备结成一个有机整体，有效发挥作用，作战实验系统才能得以顺利运行，所以在实验前必须对各种实验设备进行校验、测试与确认。

2.4.6 陆军作战实验实施

陆军作战实验实施是依据实验规划和设计方案，在实验准备阶段工作完成后，基于设定的实验条件进行过程推算、实验过程记录、实验数据收集、实验控制与维护等。

（一）陆军作战实验实施内容

陆军作战过程推算是根据实验设计规定的实验任务、实验想定和实验实施计划，基于设定的实验条件，从初始态势开始进行，逐步进行想定操作，推算作战过程。

实验过程记录是实验过程中需要记录实验的详细过程、具体活动、实验中产生的各种素材，以及实验过程中出现的各种异常情况、相应的处理措施，并归档形成实验日志。

实验数据收集是收集实验设计和实验计划要求的准确数据和完全数据。

实验运行控制与维护主要是指监督操作人员输入的信息、监视实验的进展；向实验主管提供反馈信息，对实验做出必要的改变，确保实验达成目标；与分析人员和实验主管一道，对实验中发生的变化做出军事判断和客观分析，确定变化的因果关系等；维护实验条件，排除内部故障，防止外部各种干扰，确保实验顺利实施。

（二）陆军作战实验实施方式

根据陆军作战实验类型和目的不同，陆军作战实验实施方式可分为三种类型：流水型、反馈型和综合型。

流水型是作战实验中的各种实验任务按照流水线的形式开展，实验中的时序较为固定。采取这种方式的实验，其过程中的时间、事件和主要数据是可以预见甚至是已经经过部分测试的。

反馈型是指在实验过程中，根据需要对实验过程获取的某些数据进行处理后，重新修订前面的部分初始数据，重新加载至实验系统中运行，再次考察实验结果，对这些结果进行对比。

综合型是指将流水型和反馈型结合起来，在实验进行的不同阶段分别采取不同的实施方式。

2.4.7　分析评估

陆军作战实验分析评估，就是对实验数据进行处理与分析，形成实验结果并对实验结果进行评价估算，形成实验结论的一个活动过程。作战实验分析评估通常在一个完整的作战实验实施结束后进行。

（一）陆军作战实验分析评估内容

陆军作战实验分析评估的内容包括：实验数据分析、实验数据评估和实验结论形成等。

实验数据分析，是根据实验计划明确的数据分析计划，针对实验目的，运用分析工具，对实验过程中观测、记录和收集的作战部署、作战行动、各种人员（装备、物资）消耗、行动效果等实验数据进行分析，得出实验结果，并提供给相关人员所用。

实验数据评估，是指组织专家对作战实验过程和实验结果可信度进行评价和估算，进而更加深入、准确地把握作战规律，指导作战实践。

实验结论形成，是指对作战实验所获得的各种数据和资料进行定性与定量分析后做出的有关作战实验所要解决问题的最后答案。它具有验证、相对性等特征，通常在完成实验数据分析评估后，开始着手研究实验结论。首先对各项实验任务的结论进行简单的整理，然后将基本形成共识的结论汇集在一起，形成实验报告的框架和基本观点，再将各评委评分与意见汇总融合，做出综合分析评估结论，最后撰写实验分析评估结论。

（二）陆军作战实验分析评估应注意的问题

一是作战实验分析评估方法与数据分析方法不同，通常需以专职从事分析的数据分析队伍和以军事专家、实验设计人员为主的作战实验分析评估队伍。

二是作战实验分析评估需建立用户充分参与的机制，把用户纳入作战实验分析评估的过程中，使用户充分参与，使作战实验分析评估人员和用户拥有一个共同的认识和学习过程，不断沟通思想，缩短双方认识上的差距。

三是在作战实验数据分析中，需坚持人机结合、以人为主；在作战实验分析评估中，需对作战实验模型、实验过程和实验数据等可信度进行全方位的分析评估。

2.4.8 实验报告

陆军作战实验报告是对一项作战实验全过程的概括总结，又是对作战实验成果的展示，是作战实验工作过程中不可缺少的一环，是作战实验的一项重要工作。

（一）陆军作战实验报告内容

根据作战实验报告的内容，可将作战实验报告分为综合报告和专题报告。综合报告是对几项有关作战实验进行综合报告，专题报告是针对某一具体实验所做的专项实验报告。尽管各种作战实验报告的繁简程度不一，但都有大致相同的结构，一般包括标题页、摘要、导言、作战实验方法、过程、结论、讨论、参考文献、附录等。

（二）撰写陆军作战实验报告的基本要求

陆军作战实验报告撰写应遵循以下要求：①按照标准格式进行撰写；②对

引用的材料要注明来源；③对收集数据的方法进行说明；④对要素或术语的操作定义进行明确；⑤对作战实验的任务进行描述；⑥对实验程序进行详细记述，能够使他人重复该实验；⑦对作战实验中发生的情况进行详细描述；⑧写出实验结论，用于回答实验设计提出的诸多问题；⑨有适当的图表；⑩根据具体情况决定是否提出对未来实验的建议。

特别需要注意的是，作战实验报告必须详细描述所有实验细节，必须对实验结果进行如实报告，即使实验产生的数据并没有支持实验假定，或根本就没有产生数据，这种情况也要如实报告结果，任何为得出希望的结论而篡改数据或武断地得出结论的做法都必须得到制止。

第3章

陆军作战实验基本原理和原则

作战实验的原理是指能反映事物的内在联系和发展变化趋势，且经实践检验并被科学认定，具有普遍意义的道理，从中可以推出相应的定理和命题。陆军作战实验原理是研究陆军作战实验及其活动的基本理论，是陆军作战实验的基本理论，我们应从分析要素入手，依据作战实验基本原理，从总体上把握陆军作战活动内在的联系及其变化发展趋势，以争取陆军作战实验活动的主动性和时效性。

3.1 陆军作战实验基本原理

陆军作战实验基本原理主要包括规律性原理、验证性原理、因果性原理、相似性原理和数理性原理等。

3.1.1 规律性原理

规律性原理，即作战规律决定论原理，是指作战规律决定作战实验可行的基本道理。作战活动尽管充满了激烈的对抗性和不确定性，但仍然是遵循作战规律发展变化的。作战规律具有客观性、必然性、稳定性，这就使得有什么样的作战条件，就必然产生什么样的作战结果，任何一个实验者可以重复前人已经做过的作战实验。规律性是作战实验得以进行的基础支撑，主要通过支撑作战方案实验、支撑作战过程实验和支撑作战结果预测等途径作用于作战实验。

在运用规律性原理时，我们要注意三个方面：一是作战实验必须紧紧围绕“提供虚拟作战事实”基本任务，以作战过程发展必然趋势为基本依据，以构建作战条件与作战结果之间的稳定联系为重点，研究作战实验理论，开发作战实验技术，建设作战实验数据库，研发作战实验信息系统和组织实施作战实验等。二是作战实验必须正确处理作战必然性与偶然性的关系。作战领域是对抗性和偶然性最为激烈的领域，既有必然结果，也有偶然结果。必然中包含偶然，偶然中包含必然，两者可以相互转换。对抗各方都试图努力消除偶然性，把偶然转换为必然。作战实验作为消除偶然性的重要手段，必须处理好必然性与偶然性之间的关系。要遵循作战活动必然性，筹划、设计作战实验过程；通过作战实验努力查找导致偶然事件发生的各种因素，为修改完善作战理论、作战方法和作战方案提供虚拟作战事实依据。三是作战实验必须正确处理模型与原型之间的关系。描述条件与结果之间稳定联系的基本手段是作战实验模型。由原型到模型需要一个抽象过程，在抽象过程中原型本质与模型描述之间的关系对作战实验结果可信度影响巨大。当模型能够精确描述原型本质时，作战条件与作战结果之间就构筑了一座“优质桥梁”；当模型不能够精确描述原型本质时，架设在作战条件与作战结果之间的就是一座“危桥”，依托“危桥”根本不可能得到正确的作战实验结果，也就不具备可信度。因此，必须正确处理好模型与原型之间的关系。

3.1.2 验证性原理

验证性原理是指作战实验验证假定的基本道理，在作战实验过程中遵循的逻辑过程是存疑—假定—事实—证明。验证性原理从逻辑层面规定了作战实验的基本过程。在研究陆军作战过程中，通常要依据已经掌握的作战理论和事实，经过研究提出假定。为了验证假定的真伪，就必须经过作战实践获取作战事实进行验证。这样就构成一个假定验证过程，即“存疑—假定—事实—证明”的逻辑过程。这个逻辑过程是作战实验活动必须遵循且经过实践检验并被科学认定、具有普遍意义的道理。

验证性原理要求陆军作战实验必须遵循“存疑—假定—事实—证明”的逻辑思路展开。在展开过程中，要注意把握假定质量标准和作战方案验证过程等方面。

3.1.3 因果性原理

因果性原理是指作战实验条件决定作战实验结果的基本道理，是辩证唯物主义之因果关系在陆军作战实验领域的具体应用，对陆军作战实验设计具有直接的指导意义。陆军作战实验设计的主要任务是建立条件与结果之间的相互转化关系。当作战结果已知时，需要设计实验条件，即需要具备哪些作战条件时，才能够实现已经明确的作战结果，通常在辅助作战决策时使用；当作战条件已知时，需要设计作战结果，即已知条件可能导致何种作战结果，通常在验证作战思想、论证作战法规时使用。

受作战实验条件、结果及其相互联系复杂性影响，在作战实验设计过程中，必须要注意以下要求：一是抓住主要矛盾的主要方面，突出重点，选择根本条件、重要结果和关键途径作为设计对象，避免次要矛盾、次要方面对主题的冲击；二是重视把握条件对结果的决定作用，正确处理条件设计与结果实现的关系；三是准确识别条件类别和多项条件的相互关系，科学设计陆军作战实验条件；四是根据实验要求化繁为简，尽可能用最简单的条件引起理想的实验结果。

3.1.4 相似性原理

作战实验遵循相似性原理，应按照作战模拟规则，运用实验模型技术进行作战实验。模拟什么？怎么模拟？怎么模拟得更像原型？诸如此类的问题既是作战实验技术领域的基础性问题，也是作战实验发挥效益的应用问题。相似性原理从理论上解答了怎样进行作战实验和如何发挥实验效益等问题。相似性原理是序结构相似原理、信息场相似原理和支配规律相似原理的统称。

相似性原理运用时，应注意把握两个方面的问题：一是深入研究未来陆军作战系统。陆军作战系统是陆军作战实验工具模仿的原型，而且原型是未来才有可能显现的原型，具有显著的不确定性。因此，必须加强对原型的研究，切实把握原型的序结构、信息场和支配规律，为模仿工具提供切实可靠的原型系统。二是同步升级改造陆军作战实验工具。未来陆军作战系统是动态系统，陆军作战实验工具必须紧跟未来作战系统的变化发展而不断升级改造，升级改造的目的是使两系统间相似度保持在某个数值范围内，超出相似度数值范围，就意味着陆军作战实验工具模仿未来作战系统的结果不可信。

3.1.5 数理性原理

作战实验过程是“数”与“理”的转换过程。当“理”明时，需要把“理”转换成“数”，以便于定量分析研究；当“数”明时，需要把“数”转换成“理”，以便于定性分析研究。在作战实验设计阶段，是把“理”转化成“数”；在数据处理阶段，则是把“数”转化成“理”。数理性原理作用于数理转换过程中，指导完成作战实验全过程。数理性原理，即数理转换原理，是指作战实验数据与虚拟作战事实相互转换的基本道理。

在作战实验数理性原理指导规范下，能够更深刻、更精确地描述虚拟作战事实。数理性原理可以使虚拟作战事实精确化和定量化，这就为验证作战假定提供精确可靠的依据。

一是把握数理转换过程性特点。数理转换是一个循序渐进的完整过程，一般分五步进行：①建立作战实验统计分析模型，抽象出实验对象的数量关系，在对象的属性、特点与数量关系之间建立起对应的关系，建立起研究对象的数学模型。②寻求解决的办法，求出数学问题（也就是将作战实际问题简化后得到的数学模型）的解。③对数学解做出解释和评价，以形成对问题的判断和预见。④统计推断，根据总体模型以及由总体中抽出的样本，做出有关总体分布的某种论断，数据的收集和整理是进行统计推断的必要准备，统计推断是数理转换的主要任务。⑤统计预测，统计预测的对象是因变量在未来某个时刻所取的值，或设想在某种条件下对该变量进行观测时将取的值，例如某单位与敌近距离交战结果、火力突击效果等。在作战实验过程中，要按照数理转换过程逐步完成，以程序严谨保证数据准确可信。

二是收集足量高质的数据。陆军作战实验需要大量的经验数据，没有详实可靠的数据，就不可能将作战对象各要素之间的数量关系正确地抽象出来，就无法进一步研究作战问题。为了保证有足够数量的数据，要广泛拓宽数据来源渠道，走作战、演习和实验相结合的收集数据之路。对收集到的数据要进行质量评估，谨防数据失真导致分析结论的谬误。要尊重客观数据，特别是变异数据的稳定出现，也许就意味着某种还没有被发现的新特点、新事实，切忌先入为主、草率相信或草率抛弃数据。

三是慎重对待统计推断结论。统计推断使虚拟作战事实超前于战斗实践，在战前就能较为详细地了解作战发展的趋势，及时发现己方的弱点和不足而提前加以弥补。同时，还可以大致预测作战进程，提高作战决策的可靠性和可行性。通过定量的数学分析，可以提前发现武器装备的不足和兵力部署的不当，为武器装备的改进指出方向，为作战部署采取补救措施指明途径。因此，统计推断结论对作战决策、武器装备建设具有重要的影响。但是，不能盲目迷信统计推断结果，必须经过定性与定量相结合的综合分析后才做出结论。对统计推断结论表述要做到科学严谨，通常情况下作战指挥员希望听到“赢、败、平”等确定性的结论，可无论是真正的作战还是作战实验，在真正的作战过程没有结束前，各种结果都有可能，只是某种结果发生的可能性更大一些而已。因此，无论作战实验多么精确、多么完美，都不可能百分之百地肯定就是某种结果。所以，要尽可能用更加科学严谨的方式来表述统计推断结论。

3.2 陆军作战实验基本原则

陆军作战实验基本原则，是陆军作战实验指导规律的外在反映，是陆军作战实验指导思想的具体体现，是组织实施陆军作战实验必须遵循的基本依据和行为准则，是陆军作战实验经验的总结。其实质是在正确认识陆军作战实验规律的基础上，运用这些规律于作战行动，旨在把陆军作战实验的客观规律与人的主观能动性辩证地统一起来，正确指导陆军作战实验。只有充分认识和把握陆军作战实验原则，才能在实践中减少盲目性，增强自觉性，科学有效地开展陆军作战实验的各项活动。

3.2.1 服务作战

服务作战，是指陆军作战实验要紧紧围绕作战活动展开，用作战需求牵引作战实验，以满足作战需要为实验目标和落脚点，通过陆军作战实验解决作战问题，为陆军作战服务。

服务作战，是由陆军作战实验的产生发展所决定的。陆军作战实验的产生并非偶然，而是随着作战实验理论、方法、技术的不断发展，以及陆军作战对战争“预实践”要求越来越强烈，陆军作战实践需求与作战实验技术两者的有机结合，催生了陆军作战实验。陆军作战实验的发展，同样离不开陆军作战，陆军作战的每一次变革都会牵引和带动陆军作战实验不断向前发展；相反，陆军作战实验的每一步发展，也会对陆军作战理念、方式、方法的变化产生积极的影响。由此可见，陆军作战是陆军作战实验产生发展的关键外因，影响和决定着陆军作战实验的产生发展，从某种意义上说，没有陆军作战，就不会有陆军作战实验，这就决定了陆军作战实验不能脱离陆军作战，必须始终坚持为陆军作战服务。

服务作战，是确保陆军作战实验目标方向正确的重要依据。随着陆军作战实验应用的日益广泛和陆军作战活动的日趋复杂，陆军作战实验面临的目标方向选择越来越多，实验难度也越来越大。面对众多的目标方向，如何进行正确选择，如何使陆军作战实验过程始终沿着正确的目标方向进行，是陆军作战实验需要迫切回答和解决的难题。而坚持服务作战原则，则是破解这一难题的有效途径，用“是否紧贴部队作战需要、是否能为部队作战服务”作为标准和依据，来选择实验目标方向，控制实验进程，就能确保陆军作战实验目标方向的正确。

贯彻这一原则，应着重把握以下几点：

一是着眼作战需求选择实验课题。选择实验课题是整个陆军作战实验的起点，也是陆军作战实验活动的关键步骤之一，课题选择的优劣直接关系到作战实验能否为陆军作战服务。在选择实验课题时，应以陆军作战需求为牵引，将与陆军作战需求的贴近度作为重要的考量标准，优先选择陆军作战领域急需解决的重点、难点、热点问题，真正选择作战急需解决的实验课题。

二是紧贴作战实际设计实施实验。设计实施环节，是陆军作战实验过程的关键环节。实验设计实施如果与作战实际不符，将直接影响陆军作战实验结果的可信度，从而使陆军作战实验不能很好服务作战。因此，在设计实施实验过程中，应紧贴作战实际，用预定作战地区作为实验地区，用可能的作战对手作为实验对手，用作战部队作为实验对象，使用真实的作战背景和想定，按照未来战场环境来构设虚拟实验环境，按照实际作战进程来组织实施实验，尽可能地避免实验与作战实际脱节现象的发生。

三是运用实验结果指导陆军作战。实验结果只有成功运用于陆军作战实践，才是服务作战原则最有力的体现。陆军作战实验内容的不同，实验结果运用的领域和范围也有所不同。总体来讲，陆军作战实验结果运用主要集中在陆军作战理论创新、陆军作战方案评估、陆军作战能力检验、陆军作战需求论证、陆军作战指挥训练、陆军武器装备发展与运用等方面。运用实验结果时，应注重运用的及时性和广泛性，实验结果得出后要及时加以运用，运用领域和范围要尽可能的广，让实验结果走向课堂、走向战场、走向训练场、走向科研，使陆军作战实验作用能够充分发挥。

3.2.2 低耗高效

低耗高效，是指陆军作战实验过程中要注重资源消耗和实验效率，尽可能地降低资源消耗，提高实验效率，力争以较低的消耗和较高的效率达成作战实验目的。

低耗高效，是由陆军作战实验资源的有限性决定的。尽管陆军作战实验投入的人力、物力、财力在不断加大，但从总体上看，陆军作战实验可利用的资源仍不是十分富足，加之陆军作战理论和武器装备的发展，使得陆军作战实验日趋复杂，对实验保障的要求越来越高，资源消耗量也越来越大。因此，在很多时候，陆军作战实验要在资源有限的环境下进行，这就要求陆军作战实验必须充分考虑实验资源的消耗，从实验规模确定、实验方法选择、实验进程控制等环节入手，综合采取各种措施，降低实验资源消耗量，确保陆军作战实验活动能够顺利进行。

坚持低耗高效，有利于快速达成作战实验目的。陆军作战实验作为一种探索实践活动，实验消耗和实验效率的高低，将直接影响活动的进程和结果。实验效率高效，则会大大缩减实验时间和实验消耗，使实验者能够在较短时间内利用较低消耗完成作战实验；相反，实验效率低下，将导致实验进度缓慢，实验消耗增加，甚至可能造成实验活动不能达到预期效果。因此，陆军作战实验必须周密计划、细致准备、科学组织、严密实施，尽可能避免各种不必要的实验资源和时间消耗，低耗高效地完成作战实验。

贯彻这一原则，重点应注意把握三个方面的问题：

一是合理确定陆军作战实验规模。陆军作战实验规模的增大，必然会带来实验消耗增加，实验效率降低。因此，在陆军作战实验过程中，应根据实验的目标和内容，合理规划实验的规模。一般情况下，对涉及面较窄，以专项实验内容或以单项技术验证为主的实验将其规划为初级陆军作战实验；对于运用旅级以上部队参与，有一定实验规模、范围和周期较为系统的实验，将其规划为高级陆军作战实验；而对于需要多军种联合参与、系列化、体系化的实验要将其规划为陆上联合作战实验。

二是科学选择实验方法。陆军作战实验通常可以采用理论推算、建模仿真、实兵实验、实战检验等实验方法，这些实验方法各有优缺点，且每种方法消耗的实验资源及实验的效率也有所不同。在陆军作战实验过程中，应依据实验目的、内容和要求的不同，综合分析各种实验方法的消耗和效率，在确保实验效果的基础上，选择消耗低、效率高的实验方法。需要注意的是，建模仿真方法是最常用的实验方法，但并非是所有实验的理想选择，例如对某型陆军通信器材进行作战实验，建模仿真就没有实际器材装备理想。检验某作战决策方案的内容是否完备，采取建模仿真的方法就不如采取专家研讨的方法快捷有效。

三是全面细致进行实验准备。实验准备是否全面、细致，将直接关系到陆军作战实验能否顺利实施，进而对实验的效率产生影响。因此，在实验开始前，应围绕实验所需的场地、系统、人员、数据、装备、计算机等进行全面、细致的准备，任务要区分到人，确保每一项准备工作都落到实处。要制定详细的实验计划，并充分预想实验过程中可能出现的意外情况，并有针对性地制定相应的预案和措施。实验准备完毕后，要对准备情况进行检查，检查通过后再进行实验，避免出现因准备不足而影响实验进程的现象。

四是灵活控制实验过程。应根据实验数据获取的需求，选择合理的实验次数，既能消除实验过程中时间、气候、季节、设备（系统）、操作方法、操作者等偶然因素对实验结果的影响，又不至于过多增加实验资源消耗和延长实验时间。要密切监视实验过程，及时发现实验过程中存在的问题，一旦出现意外，可适情启动相应预案。要灵活掌握实验节奏，在进行重点问题实验时，应放慢实验节奏，采取小步长模拟；对于一般性问题，则可适当加快实验节奏，采取大步长加速模拟的方式，以提高实验效率。

3.2.3 求实可信

求实可信，是指陆军作战实验各环节要尽可能追求真实，符合客观实际，要综合采取各种措施，提高实验的可信度，确保整个实验过程和最终结果真实可信。

求实可信，是由陆军作战实验的科学属性决定的。陆军作战实验是科学实验在陆军作战领域的具体应用，从本质上讲仍属于科学实验范畴。科学实验最大的特点在于它的科学属性，注重用事实和数据说话，以提供真实可信的实验结果为根本追求和最终目标。陆军作战实验同样具备科学属性，为验证陆军作战假定提供可信的虚拟作战事实，因此陆军作战实验必须追求真实可信。

求实可信，是陆军作战实验作用发挥的重要保证。陆军作战实验只有成功运用于陆军作战实践，才能发挥陆军作战实验的作用，才能体现陆军作战实验的价值。而陆军作战实验要实现成功运用，首要前提是确保整个实验过程和最终的实验结果真实可信，这样才能通过作战实验发现和验证陆军作战的有关规律和产生这些规律的因果关系。反之，如果陆军作战实验不能做到真实可信，将无法正确反映陆军作战的有关规律，从而影响和制约陆军作战实验检验验证作用的发挥，严重时甚至可能导致陆军作战实验结果无法应用，使陆军作战实验活动成为“无用功”。

贯彻这一原则，重点应注意把握四个方面的问题：

一是科学构建实验模型。尽管有些陆军作战实验不需要构建模型，但构建实验模型仍是陆军作战实验最常用的、最主要的阶段，也是科学性要求最高的一项工作。由于陆军作战活动十分复杂，影响因素繁多，因此，在实验模型构建过程中，必须做到：①对陆军作战活动进行整体分析和适度抽象，抽取最重要的、本质的建模元素组织建模，过滤掉不相关的细节信息；②采取成熟的模型理论进行模拟假设和算法设计，避免模型产生重大的变形和失真，模型变量、使用条件、控制规则的设定必须有据可考，模型使用的数据要尽量使用演习和实战中搜集的数据，尽量排除主观愿望的影响；③对实验模型可信性进行全程评估，主要包括需求校核与验证、概念校核与验证、模型校核、系统实现校核、结果验证与确认。

二是合理选择实验指标。实验指标选择在整个陆军作战实验中占有十分重要的地位，实验指标选择是否得当，直接关系到陆军作战实验的成败。因此，选择陆军作战实验指标时，必须选择与陆军作战实验目的有本质上联系的指标，且所选的指标必须是客观存在的，不依人的意志而转移，能够被实验者或者实验仪器感知和记录。选择建立的实验指标体系，应能被所有用户所接受和理解，包括陆军作战的研究和实验人员、决策者以及实施军事行动人员。

三是综合分析实验结果。陆军作战实验会产生海量的实验结果数据和实验过程数据，只有对这些实验数据进行正确的统计和分析处理，才能从中找到实验问题的规律或者发现其中存在的问题，得出可信度较高的实验结论。因此，实验组织人员、军事专家、技术人员和相关人员等多方人员应共同参与，发挥各自优势，对实验数据从整体与局部、表象与内在、连贯与片段、联合与合同、军兵种与要素等进行多层面、多粒度统计、综合、挖掘和合成，并综合运用数理统计、回归分析、逻辑推理、数据挖掘等方法，进行一系列去粗取精、去伪存真、由表及里的抽象分析，进而找出陆军作战实验问题的规律或者奇异点。

四是注重实验活动的综合印证。针对特定问题研究，通常很少能只通过单次实验活动就可以实现，需要借助工具通过一系列的分析和相关的实验活动才能以最好的方式解决，每个活动都提供与特定问题相关的信息。如果每个实验活动得到的信息可以相互印证，这样就可以增加实验结果的可信度。相反，如果互相矛盾，则表明还需要进行进一步的研究，只有当所有的实验活动以一种统一连贯的方式和综合方法组织在一起，所研究的问题才能形成一个整体。这样，通过一系列实验和其他活动的综合，可以逐步建立起研究问题的理论，使实验的结论更具说服力。

3.2.4 协作共享

协作共享，是指陆军作战实验应树立开放实验思想，积极开展院校间、院校与部队间、院校与科研所间的协作交流，相互共享实验资源、成果和经验，实现优势互补，促进陆军作战实验的快速发展。

协作共享，是进行联合开发、联合实验的必然选择。以往的陆军作战实验大多局限在陆军内部，甚至局限在军兵种内部，这种作战实验专业性很强，为本军兵种服务的目的比较明确。随着武器装备信息化程度的提高，“联合作战、体系对抗”成为未来陆军作战的主要特征。未来陆军作战不再是单个平台、单个武器系统之间的对抗，而是体系与体系的对抗，这就要求陆军作战实验要逐步脱离单一军种束缚的模式，注重与其他军种联合进行联合作战实验。

协作共享，有利于实现优势互补，促进陆军作战实验发展。当前，陆军作战实验形成了一定的理论成果，积累了宝贵的实践经验和实验数据、模型、算法等资源。只有通过协作共享，才能使各单位间互通有无，实现资源的共享和复用，避免各搞一套、重复建设，节约人力、物力、财力，才能使各单位间相互借鉴，优势互补，大大提高实验效率，缩短开发周期，促进陆军作战实验的深入快速发展。

贯彻这一原则，应注意把握以下三个方面的问题：

一是成立权威的协作共享机构。如果作战实验活动以自我组织、自我协调为主，缺乏统一的规划和领导，将严重制约协作共享工作的开展。因此，为便于协作共享，必须成立陆军作战实验协作共享的组织领导机构，负责管理、协调相互间协作共享中遇到的问题，确保协作共享的顺利展开。

二是理顺协作共享机制。作战实验协作共享离不开制度的保障，只有将协作共享工作以制度的形式加以规范，才能使作战实验协作共享有法可依、有章可循，才能实现协作共享的制度化、规范化。因此，应根据协作共享的需要，建立一套科学的协作共享制度，包括工作制度、计划制度、会议制度、请示报告制度、激励制度等，并在实际的协作共享工作中不断健全和完善，为协作共享提供坚实的制度基础。

三是广泛开展协作共享活动。一方面，应定期举行学术交流会和研讨活动，拓展经验与成果的交流渠道；另一方面，应积极开展联合开发、联合攻关，诸如公共仿真平台构建、数据采集与模型建立、公共数据库及联合实验系统建设等课题，以发挥各作战实验的优势，协作完成任务。此外，应大力开展不同类型的联合实验，对联合作战方法等进行实验，检验战法的正确程度，找出存在的问题，使战法更加科学，更加贴近实战。

3.2.5 全面保障

全面保障，是指陆军作战实验所需的各方面保障要全部到位，保障量要能满足实验需求，能够保障陆军作战实验顺利进行。

全面保障，是陆军作战实验顺利进行的重要保证。陆军作战实验顺利进行离不开实验保障，尤其是一些虚拟对抗、实兵演习等形式的实验，对实验保障的依赖性非常强，实验保障的质量将直接影响实验的效果。陆军作战实验保障是一项复杂的系统工程，涉及面广，既有实验场地、装备器材、计算机网络等“硬”保障，又有实验系统、实验人员、实验数据等“软”保障，实验保障任务十分艰巨，对实验保障的要求也非常高，任何一个保障环节没有考虑到或者保障的数量无法达到实验需求，都会对实验进程产生影响，严重者甚至会导致实验无法正常进行。因此，应全面细致地做好陆军作战实验保障工作，全面分析保障需求，多方筹措保障资源，做到陆军作战实验保障不漏一环、不差一点，只有这样才能有力保障陆军作战实验的进行。

贯彻这一原则，应注意把握以下三个方面的问题：

一是精确计算保障需求。在当前实验保障资源还不是十分充裕的情况下，进行陆军作战实验保障，就必须转变粗放式保障模式，实施精细化保障。而精细化保障的前提和基础是精确计算保障需求。实验保障人员应依据实验方案计划，对实验所需的各种保障进行全面、详细的分析，按照满足陆军作战实验需要的标准，科学测算实验保障需求，如果条件允许，实验保障资源应留有一定的余量，以应对实验过程可能出现的意外情况。

二是多方筹措保障资源。陆军作战实验活动都有一定的经费支持，但由于所需各种保障资源比较多，陆军作战实验活动不仅需要加强陆军内部的统筹协调，总体调配保障力量和资源，还需与相关军种协调，借用其保障力量和资源。

三是周密实施实验保障。陆军作战实验过程中，要成立精干的实验保障队伍，严格按照事先制定的实验保障计划，实施跟进式保障。实验保障人员应密切关注实验进展情况及实验资源消耗情况，及时发现实验保障方面存在的不足，并加以协调解决，避免出现因实验保障不到位而影响实验进行的现象。

第4章

陆军作战实验室建设

陆军作战实验的类型、方式、方法多样，对实验场所和环境的要求不尽一致。随着分布交互技术的应用，陆军作战正以分布交互技术为基础，将功能不同的实验室连成一个大的实验室，并与野外实兵演练相结合，可进行多层次、多类型的实验活动。陆军作战实验室建设要着眼检验战法创新和优化作战方案，以现实作战需求为牵引，科学论证、统筹规划、分步实施，建成综合性作战实验室。既能满足作战实验需要，又能满足教学训练需要；既能进行演示型实验，又能进行操作型实验；既能进行装备和单要素实验，又能进行综合实验；既能支持集中式实验，又能支持分布交互式实验。

4.1 陆军作战实验室功能分析

陆军作战实验室是孕育陆军创新理论的母体，是促进陆军转型发展的桥梁，是加强战争筹划准备的试验田，通过运用以计算机技术为核心的建模与仿真技术，对作战环境、作战行动、作战过程以及武器装备效能等进行仿真评估、分析论证。陆军作战实验室的主要目标是开发作战概念、确定作战需求和检验作战方法，使陆军部队不断赢得和保持战场优势，主要表现为以下几个方面：①降低风险，无论是拟制作战方案，还是制定武器装备需求方案，在现代高技术战争高耗费、高风险条件下，都需要接近实战的评估；②减小投资，高技术装备的高耗费使得大规模实兵演练难以频繁进行，需要用低投入的实验来节约实兵演练资源；③推进理论创新，为陆军相关科研创造“促进思想革命和思想实验”的环境；④发掘和加快新技术形成新装备、新装备形成新战斗力的步伐。军事需求牵引作战实验室建设，军事需求决定了建什么样的作战实验室、作战实验室要达到什么样的目标。从军事需求的角度考虑，按用户使用层次划分，陆军作战实验室主要具备以下基本功能。

一是在理论层面，能对陆军军事领域里提出的一些新思想、新概念进行探索验证。比如，能对投入使用的高技术武器装备将产生什么作战效能、引起作战方式的哪些变化、新的作战样式的特点规律是什么等重大问题，进行严格的模拟、综合分析评估，形成有价值的见解，支撑新概念、新理论、新学说的提出，成为陆军理论创新的重要依据和基础。

二是在战略层面，能对国家安全环境、军事危机、战争风险等做出评估，对陆军战略层面重大决策问题提供辅助决策咨询。比如，根据战争所要达成的目的，对确立的陆军战略方针、投入兵力的规模、战争进程和战略阶段的划分、开战的时机、战略手段的运用等进行分析研究、模拟试验、综合评估，适时地拿出意见建议；对陆军体制编制和力量规模结构等的评估及调整改革完善的意见；对陆军武器装备体系的发展评估等。

三是在战役战术层面，能为陆军联合作战研究提供实验环境、论证方法和辅助手段。论证支持功能覆盖陆军作战的各主要环节，比如研判战场态势、分析敌我企图、确定作战任务、评估作战能力、编组作战力量、推演作战行动、论证作战方法等。论证支持方式符合作战用户的特点和要求，在作战计算、量化分析、方案评估、模拟对抗等方面，提供多种形式的支持手段。

四是在军事训练层面，兼有组织模拟对抗演练的功能。比如，陆军作战实验中心能够组织网上实验演习。虽然作战实验室主要面向作战需求，以分析评估、实验论证为主，模拟训练中心主要面向受训对象指挥能力和技能的培训、考核，但二者均以作战模拟为手段，以建模仿真为工具，软硬件环境趋同，使用对象既是研究者也是受训者。因而，基于当前作战实验发展现状与未来可能，从资源共享、节约投资、方便应用等角度考虑，二者可结合，功能互补，各有侧重。

未来战争是信息化条件下的联合作战，单一军兵种难以胜任整个作战任务，有必要充分利用网络资源构建兼容多军兵种综合一体化的联合作战实验环境，陆军作战实验室将是其中的一个部分。

4.2 陆军作战实验室建设的指导原则

陆军作战实验室建设是一项巨大而复杂的系统工程，必须要以新时期习主席强军思想为指导，立足我军实际，紧紧围绕作战能力生成，按照“需求牵引、整体设计、统一标准、自主创新、建用结合”的基本原则，不断进行创新建设，满足作战训练的需求。

4.2.1 需求牵引

用需求牵引建设，用建设成果保证需求实现，是建设指导陆军作战实验室建设应坚持的基本理念。陆军作战实验体系建什么、怎么建、怎样用，必须以满足作战实验任务需求为基点。通过丰富和完善多样性的作战实验手段，提升综合性实验能力，真正实现理论创新与作战设计、战法创新与方案演练的有机结合，有效促进作战实验与作战训练的良性互动。

一是以作战样式需求为牵引。联合作战态势多变，需要灵活把握战场局势，果断采取多种作战样式实施对抗。因此，作战实验室建设应摆脱领域单一、敌情单一、程式单一的传统模式，着力设置全域、多维、突发情况；应以分布式任务规划与协调决策等内容为重点，着力实现实时精确指挥；应增大情况设置的容量和复杂性，强调信息对抗，突破习惯性思维，注重情况设置的随机性、动态性，迫使训练对象在充满不确定性的环境中寻求对策，大胆创新突破。

二是以作战体系需求为牵引。未来联合作战是诸军兵种多层次、立体化行动，作战体系包括侦察预警、指挥控制、火力打击、综合保障等子系统，因此，作战实验室建设应能够提供多种情报获取手段，改善信息传输和处理能力，注重复杂电磁环境下信息安全，协助指挥员分析战场态势、控制作战进程、推演作战行动、优选作战方案；应能够具备自主预选打击目标、分配打击任务、实时监控打击过程和准确评估毁伤效果能力；应能够优化保障要素，形成一体化保障体系，方便实验人员实施网络化、精确化、可视化、远程化保障。

4.2.2 整体设计

整体设计是指从全局和总体的角度，考虑现实和未来对作战实验室建设的要求，研究技术、环境等因素对实验发展的支持程度和约束，制定实验室建设的发展战略和总体规划，以指导实验室的中长期发展。作战实验室建设要兼顾整体和局部，按阶段筹划功能建设，避免因忽略某个分系统建设而形成短板，进而影响整个大系统合力的生成和综合效能的发挥。

着眼陆军作战实验发展，应重视三个方面的建设：一是重视侦察情报系统。增强战场情报、态势感知能力和情报处理、分发能力，拓展探测、识别手段，提高情报获取渠道和信息融合处理能力。二是重视信息对抗系统。未来战争是复杂电磁环境下的信息战，为使训练对象充分认识和掌握信息对抗技术，指挥训练信息系统建设，应加入先进的信息对抗手段，支持电子侦察、干扰、摧毁，支持计算机病毒种植与网络攻击破坏。三是重视评估裁决系统。一体化作战行动作战进程复杂，样式多变，各种作战样式紧密结合，表现出多元化和多样性的特征，这使得训练和演习的组织者对作战的过程和结果难以准确评定。因此，应构建一套科学合理的评估裁决系统，采取先进的算法，充分考虑各战场环境、作战样式的量化标准，对一体化作战的作战能力、作战效益、作战目的、作战趋势、兵力运用、火力运用、远程机动等进行精确定量分析和综合比较，科学准确计算双方行动所产生的实际效果，正确反映指挥员决心实现的程度，只有这样才能实现客观、公正的裁决。

4.2.3 统一标准

一体化实验平台是作战实验得以进行的基础条件。作战实验室建设，关键在于按照“便于信息快速流动和利用”的总要求，充分利用信息网络的连通性和融合性，把各级作战指挥系统和模拟推演系统集成为宏观有序、整体最优的大系统，实现作战实验体系的完全一体化。一是要统一信息标准。受体制、标准、接口等诸多因素影响，我军各级作战指挥与模拟推演系统之间互通性差，阻碍了系统的集成和信息的流通，需要打破战略、战役、战术各层级和诸军兵种、各部门各种信息力量条块分割的格局，整合全军信息系统信息体系，统一基础数据和文电格式，按照统一的标准处理和分发战场信息。二是要统一系统标准。作战实验平台离不开战场感知、指挥控制、火力打击、综合保障和作战模拟等模块，只有通过信息网络技术将上述功能集成为一个整体，才能满足作战需求。着眼陆军作战实验发展，应立足研发综合一体化实验平台，在此框架内，研究制定全军统一标准的系统运行软件、接口协议、数据传输标准、程序处理及文电格式，预留与民用信息系统的互通接口，全面扩充信息系统衔接功能，以提高利用指挥训练信息系统开展多层次、多样化对抗训练时的可靠性和灵活性。总而言之，只有实现作战指挥与作战实验系统综合集成，才能使实验者的主观能动性与先进的指挥手段得到充分发挥，才能大幅度提高作战实验效率。

4.2.4 自主创新

随着信息产业的发展，我国已逐步形成布局合理、效率突出、军民互动的科技基础条件，积累了相当数量的军民通用的信息技术和专业人才。因此，陆军作战实验室建设可以在整合军内研发力量的基础上，充分利用地方技术力量，走军地融合、共同研发的道路，实现自主创新，跨越发展。既要充分借鉴外军先进技术和有益经验，提高起点，注重融合，缩小差距，又不能过度依赖技术引进，搞不加辨别、不加检验的“拿来主义”，尤其对一些核心模块和关键技术，一定要坚持自主研发，形成一套具有我军特色的系统建设体系，避免走“拼装组合型”道路，造成系统间信息不共享、功能不兼容，同时从源头上杜绝病毒植入、预留后门等不安全因素影响。思变才能有出路，创新才能有发展，只有立足我军作战任务特点和军事训练需求，开展信息系统研发和相关基础数据建设，才能研发出适应信息化条件下我军作战训练需要的作战实验系统。

4.2.5 建用结合

实践应用是对建设效果的检验，也是促进实验室建设完善的重要手段。坚持以应用促进建设，可以在实践运用中及时发现问题，收集到对实验室建设的改进意见，促进实验室建设不断完善、不断提高，尽快见到成效。要坚持以用促建，以应用为主导，用户全程参与，边建设、边使用、边完善，在实验室建设升级中不断完善功能。作为用户的各军兵种部队应结合各自担负的作战任务和日常训练需求，认真、具体地分析论证作战实验室的各功能模块需求，并依托作战实验室广泛开展作战训练，在使用中不断细化作战实验室功能需求。同时实验室建设要不断完善信息系统制定计划、辅助决策、代码指挥等功能，满足实际作战训练需求，使指挥手段、运用方式、训练内容、操作流程等最大限度地与实战相吻合，推动战术与技术的结合，在实验室建设持续更新升级的过程中，把信息化的过程从“化物”推向“化人”的高级阶段，塑造联合作战指挥人才，最大限度发挥作战实验室建设效益。

4.3 陆军作战实验室建设的总体目标

根据陆军作战实验任务和系统职能需求，确定陆军作战实验室建设总目标是：以陆军在未来信息化战争中担负的使命任务为牵引，以满足陆军战法创新为突破，以武器装备发展运用为重点，以提升陆军整体作战能力为目标；通过科学统筹，系统建设，构建组织结构合理、任务体系完整、体系功能完备、实验方法科学、实验手段先进等综合一体的陆军作战实验室，为陆军建设、战法创新、能力生成、训练转型和作战方案确立提供科学方法和验证手段。

4.3.1 组织系统

陆军作战实验组织系统是一个由院校实验室、军兵种训练基地和实验任务部队联合组成的、具有临时特性的联合组织系统。常态下按照既定的隶属关系运行，只有执行作战实验任务时，才根据上级指令建立联合实验组织系统，任务结束后，系统自行解散。在执行作战实验任务时，用联合机制将其连接成横向一体的作战实验组织系统。该系统能够以作战实验室为龙头、以训练基地为骨干、以实验部队为基础，根据各自职能完成相应的作战实验。

作战实验室应充分发挥在人力、技术、设备和场地优势，主要履行如下职能：①承担上级赋予和本实验室自选作战实验任务；②承担为训练基地和实验部队提供技术和智力支持任务；③承担数据分析和数据管理任务；④承担培养陆军作战实验人才任务。

训练基地应发挥本基地在实验环境、实验场地、信息采集设备、实验控制等方面的优势，主要履行如下职能：①承担上级赋予和本基地立项的作战实验任务；②承担为实验部队提供实验场地任务；③承担为实验部队提供数据采集和传输任务；④承担为实验部队提供实验控制手段任务。

实验部队应发挥本部队实兵、实装、实任务、实环境和成建制等方面的优势，主要履行如下职能：①承担上级赋予和本部队立项的作战实验任务；②承担为实验室、基地提供实验兵力任务；③承担为实验室、基地提供实验数据任务；⑤承担为实验室、基地提供实验场地任务。

4.3.2 任务系统

陆军实验任务包括陆军战役、战斗和兵种（专业）实验任务三部分。因为三部分任务之间存在必然的联系，所以三部分之间就构成一个有机整体，形成陆军作战实验任务系统。该系统建设应以陆军战役实验带动合同（联合）战斗、兵种（专业）战斗实验，形成纵向一体的陆军作战实验任务系统。

陆军战役实验主要承担陆军作战理论验证、战役纲要验证、战役作战方案验证任务，参与联合战役的联合作战实验。

陆军合同（联合）战斗实验主要承担陆军合同（联合）战斗条令验证、合同战斗理论与战法验证、合同战斗方案验证、陆军武器装备综合运用研究等实验任务，参与陆军战役实验。

兵种（专业）作战实验主要承担本兵种（专业）战斗理论验证、兵种战斗条令验证、兵种作战方案验证和武器装备运用研究等实验任务，参与合同（联合）战斗实验。

4.3.3 功能系统

体系内的各个系统所具备的功能是不同的，也正是功能不同的系统才有必要按照某种需求组成体系，形成体系功能。具体而言，陆军作战实验功能系统主要包括探索性、验证性和对抗性三类功能。陆军作战实验功能系统建设，应满足探索性、验证性和对抗性实验需求，实现功能融合，作用互补。

探索性实验主要通过探索性实验，发现信息化条件下陆军作战的新问题、新特点、新要求，为战法创新、体制编制调整、武器装备研发与运用寻求答案。

验证性实验主要通过验证性实验，检验作战理论、战法运用、作战方案和体制编制的作战效能，发现薄弱环节，提出建设发展需求。

对抗性实验主要通过对抗性实验，评估作战方案优劣，检验训练效果，摸清与强敌交战底数，增强敢打必胜信心。

4.3.4 方法系统

陆军作战实验方法系统主要包括综合实验、要素实验、静态实验、动态实验、分段实验和全程实验等。作战实验方法系统建设，应将多种方法综合成一体，发挥各自优势，弥补劣势，形成功能互补的有机整体。

（一）要素实验与综合实验一体

要素实验是指陆军诸兵种（专业）实验。综合实验是指陆军军种战役和合同（联合）战斗级作战实验。要素实验是综合实验的基本组成部分，其实验成果是综合实验的条件；综合实验成果是要素实验的上位需求，两者相互支撑，相互制约，是不可分割的整体。通过建立陆军中级指挥院校与兵种院校之间的协作机制，实现要素实验与综合实验的结合，发挥综合实验能够重点关注宏观问题、要素实验能够深入研究细节等优势。

（二）静态实验与动态实验一体

静态实验是指用户提供全部实验条件，由系统按照计算规程自动完成计算并给出最终实验结果的实验形式。动态实验是指用户提供初始实验条件，由系统按照计算规程，逐步计算并将每步计算结果反馈给用户，用户根据情况再提供新的计算条件，循环往复，直至完成全部计算，给出最终计算成果。将静态实验与动态实验相结合，既能发挥静态实验耗时短、效率高的优点，又能发挥动态实验过程具体、结果详细等优势。

（三）分段实验与全程实验一体

分段实验是指根据实验目标，从一个完整过程中选取某一个片段进行实验的实验形式，通常有三个使用时机：①在测试实验系统或预实验时；②配合课堂专题授课、操作练习时；③在汇报、演示时。全程实验是连续完成一次完整实验的实验方式，通常在综合实验和要素实验时使用。分段实验目标明确，重点突出，耗时短，见效快；全程实验过程动态完整，各个环节之间的纵向关联关系一目了然，便于发现其他手段难以发现的动态性问题。将分段实验与全程实验相结合，能够有效应对教学、理论研究和汇报演示等多方面的需求，是方法系统建设的重要内容。

4.3.5 手段系统

仿真实验、模拟实验和实兵实装实验是陆军作战实验主要手段。实验手段系统建设应能够实现仿真与模拟、仿真与实兵、模拟与实兵等实验综合一体。

（一）仿真实验与模拟实验一体

仿真实验是指运用武器装备平台和战场环境仿真手段进行作战实验的实验形式，通常运用于武器装备平台级的作战实验或基础作战单元组织运用实验。模拟实验是指对多个作战单元聚合体，即较大型聚合体作战行动的组织运用实验，通常运用于军种战役、合同（联合）战斗、军种（专业）行动实验。以作战实验网络为底层支撑，以模拟实验为依托，与各种武器装备仿真器构成一个有机整体。仿真结果反馈给模拟系统，作为模拟系统的条件数据，模拟系统模拟结果作为仿真系统的条件数据，相互支撑，共同完成作战实验任务。两者一体化，既能有效克服模拟系统所用模型失真、效益低下等问题，又可以将仿真器分散解决仿真缺少背景、仿真条件不确实等问题。

（二）仿真实验与实兵实装实验一体

实兵实装实验是指在真实战场自然环境下，运用实兵实装进行作战实验，是仅次于战场对抗实验的高级作战实验形式。但是实兵实装实验存在明显不足，主要包括：实验动用人员、武器装备多，实验成本高；在实验过程中，由于各方面条件限制，有些武器装备难以反复动用参加实验；有些交战行动结果难以客观评定。若将仿真实验引入到实兵实装实验中，把不便于反复动用的武器装备平台或作战单元用仿真系统替代，将不便于客观评价的作战行动交由仿真系统进行评价，就能够有效消除实兵实装实验存在的不足，达到更加理想的实验效果。

（三）模拟实验与实兵实装实验一体

与实兵实装实验相比较，模拟实验在超越现实、摆脱现实条件限制，塑造和设计未来，并在未来世界中认识作战规律、研究运用作战规律等方面具有无可比拟的绝对优势。实兵实装实验在立足现实、基于客观条件，在可靠物质基础上完成任务，并在现实世界认识作战规律、研究运用作战规律等方面具有无可比拟的绝对优势。研究和指导作战，过分拘泥于现实，有可能因缺少创新而在激烈的对抗中败给对手；过分超前，超出可能的客观条件，任何高超的理论和指导都将是空中楼阁，毫无用处。若将两者结合起来，充分发挥模拟实验的超前优势和实兵实装实验的现实优势，在客观基础上认识规律，在前瞻基础上设计和塑造未来作战，必将收到意想不到的立项效果。

4.4 陆军作战实验室技术基础建设

陆军作战实验室建设是一项复杂的系统工程。必须针对当前建设存在的问题，遵循建设规律，从顶层设计入手，抓好技术基础建设，破解难题，确保实现陆军作战实验建设目标。

4.4.1 以标准化为建设的基础工程

统一的标准是形成体系能力的关键因素。长期以来，我军实验条件建设尚未形成统一的标准。缺乏标准规范，没有依据，只能自建自用，兼容性差，网络互联和资源共享困难。各实验室之间，院校与部队、训练基地之间，难以实现联合性协作性实验。必须下大力解决标准化问题，促进作战实验体系的综合集成。

一是规范实验环境标准，为作战实验系统的“三互”奠定基础。作战实验环境主要包括硬件环境和软件环境。必须统一作战实验硬件建设的标准规范，大力推进标准化建设，完善实验场地、实验设施、实验设备建设标准，规范作战实验环境建设，确保作战实验硬件平台的一致性；必须完善实验系统开发技术标准和集成技术标准，统一实验数据标准、实验模型标准和软件接口标准，充分发挥系统每个组成部分的作用，从而使系统综合集成设计达到最优化。在系统综合集成时一定要规定使用统一的接口标准和数据传输标准等共性要素，以达到一体化要求，确保作战实验系统的互联、互通、互操作，提高实验系统的互操作性和联合作战实验能力。

二是规范实验程序标准，为作战实验有序进行确立依据。必须根据不同类型、不同层次作战实验的具体需求，完善实验设计、实验运行管理标准，针对作战实验活动的内容、计划、组织、实施等行为进行统一规范，确保作战实验有序进行。依据实验设计标准，对整个实验组织、实验场所部署配置以及实验的步骤流程设计进行规范，对每一步骤的实验评估指标的确定，实验技术方法手段、实验评估分析方法的选择，实验任务的分工等一系列实验准备活动进行约束。依据实验运行管理标准，规范作战实验组织实施的一般程序、方法和步骤，包括实验组织构成与职责、作战实验环境、实验类型和方法、实验组织方法、实验实施步骤、实验支持手段等。

三是规范实验评估标准，为作战实验结果可信提供保证。作战实验评估标准用于规范作战实验分析评估，是度量陆军作战实验效果优劣的重要工具，包括作战实验分析评估方法的选择、设置，分析评估指标、因素的选择，实验数据的采集，分析评估的数据结构等。作战实验评估标准决定实验评估的主要内容，要全面、客观地反映陆军作战力量运用的实际效果。实验评估指标要尽可能做到既通观全局，又重点突出，综合反映出陆军作战实验中各要素运用情况。实验数据要具有相对明确的标准，易于采集，便于操作，且有稳定而可靠的来源。作战实验评估标准对作战实验的结果具有重大影响，必须全军统筹、权威论证、统一标准，确保作战实验结果的一致性和可信度。

4.4.2　以基础资源为建设的重要内容

陆军作战实验需要有各类作战数据、模型、软件等基础资源的支撑。我军通过多年的作战实验建设，在数据资源、模型资源和软件资源等方面有了一定积累，但仍存在资源分散、不成体系、共享困难等问题。必须通过自上而下的整合，实现各类资源的科学配置，形成完备的作战实验支撑体系。

一是整合数据资源，建立开放共享的数据资源体系。数据是作战实验的基础，数据的质量直接影响作战实验的效果。必须转变作战实验数据自建自用的传统观念，破除作战与训练部门之间、院校与部队之间的壁垒，建立统一的作战实验数据中心，统筹作战实验数据的建设、使用和管理；设计作战实验数据体系结构，制订作战实验数据标准，建构作战实验数据资源体系；建立数据保鲜机制，明确作战实验数据更新维护主体、责任，完善奖惩措施；建立作战实验数据共享机制，规范作战实验数据申请、审批、共享程序；建立作战实验数据资源安全管理制度，确保实验数据的安全保密。

二是整合模型资源，形成系统完整的实验模型体系。模型是支持作战实验的核心，有权威可信的模型才有权威可信的作战实验结果。必须以使命任务为牵引，以满足作战实验需要为目标，科学论证作战实验模型体系的建设需求，构建科学、系统的作战实验模型体系；发挥作战实验管理部门的组织作用，对现有作战实验模型建设力量进行有效的整合，对作战实验模型建设任务进行合理分配，确保不同层次、不同类型的模型均由该领域的专家进行开发建设，保证模型建设质量；建立作战实验模型可信度评估的制度、标准和程序，将作战实验模型可信度评估作为作战实验模型整合的重要环节，淘汰那些可信度低的模型，确保作战实验模型的权威可信。

三是整合软件资源，集成一体化的作战实验系统。软件是作战实验的灵魂，如果没有软件则作战实验将成为无本之木。必须要着眼联合作战实验的需要，遵循作战实验平台一体化设计的思路，从系统顶层设计入手，对现有作战实验软件资源进行统筹规划，坚持标准先行的原则，按照统一技术体制的系列标准，制定系统综合集成的目标、方法和程序，规范作战实验平台建设，通过协调不同单位之间的软件接口建设，使得现有软件能够支持分布交互式的作战实验；加强软件工程建设，转变将软件作为科研项目管理的传统做法，规范软件工程建设程序，强化标准化管理，按照通行的工程标准来检验和测试新开发的软件，确保作战实验系统的一体化。

4.4.3　以技术创新作为建设的重要抓手

陆军作战实验体系建设是一项技术含量极高的工程。要提升“预实践”

的功能水平，就必须在技术创新上实现突破。要以基础技术的突破和先进技术的应用，不断丰富作战实验手段，推动作战实验能力和体系建设水平的整体跃升。

一是抓好体系结构技术。体系结构技术可理解为系统科学、思维科学和现代信息技术有机统一的应用技术，是科学构建陆军作战实验体系的重要保证。体系结构技术的发展和广泛应用为优化复杂军事巨系统的体系结构奠定了坚实的基础。优化作战实验体系结构，就是遵循系统科学的基本原理，运用信息技术的融合和纽带功能，将分散的“烟囱式”实验资源连接为一个有机的整体，将分散的各军兵种实验平台或系统连接为一个新的更大的整体系统，实现平台与平台之间、系统与系统之间的优化组合，融合为有机整体，实现陆军作战实验体系整体能力的提升。

二是抓好模拟仿真技术。模拟仿真技术是运用计算机和其他专用设备对实际的或设想的对象进行动态的模仿，将虚拟的战场态势实时动态地展现在实验者面前，使作战行动更加直观逼真，实现作战行动定量与定性的有机结合，揭示军事活动中的量变过程，发现由量变到质变的界限。依托作战模拟仿真技术，通过网络远程异地数据交互，实现远程网上作战实验，发挥虚拟仿真实验的可观察、可重复的融合功能，观察和记录实验结果，分析和研究实验结论，实证性地研究战争和军队作战行动的特点规律，从而使作战实验方式更加丰富。

三是抓好模型构建技术。在模拟仿真作战实验的所有要素中，支撑作战实验的最重要核心就是成体系、系列化、配套化的作战实验模型。模型构建技术就是实现军事模型构建的结构化、形式化、规范化，使作战实验者与模型开发人员对问题域的认识统一、理解一致。不仅应减少对作战实体、作战任务、作战行为、作战交互关系等建模要素概念上的模糊性和二义性，而且要以标准化的语法语义抽象和表示作战体系的结构、元素、行为及其相互关系，便于以此为基础引导、牵引后续数学模型的设计和程序代码的编写。作战实验模型构建不仅需要满足描述的客观性、功能的有效性、结构的简明性等通用要求，还需要为适应作战实验研究论证的内容、形式和特点，突出可信性、体系性、透明性、重用性等要求。只有模型构建得准确、全面，才能最终发挥作战实验的功效。

4.5　陆军作战实验人才建设

人才建设是陆军作战实验室建设的重要组成部分。建设一支结构合理、业务精良、具有较高管理水平的实验人才队伍，是完成好实验的重要前提条件，直接决定着实验的效益。必须采取切实可行的政策和措施，充分调动实验队伍的积极性和创造性，促进实验队伍能力素质的提高，有效保证陆军作战实验室建设的成效。

4.5.1 拓宽实验队伍的培养途径，加大培养力度

培养高素质的实验人才队伍，必须充分利用部队的教育训练资源，不断深化岗位教育，切实加强实践锻造。可以依托部队院校或地方高校，建立专门的培训基地，加大科研经费投入，采取重点培训、出国见学等形式，拓宽培养途径。在部队建立各类教学、实习基地，积极开展现地教学、参观见学和见习实习等实践活动，组织实验室人员积极参与部队野外驻训、综合演习、训练考评等活动，增强实验室人员对部队的认识了解。要采取多种方式，培养既懂新型作战力量指挥与管理，又懂作战实验技术的全能型实验队伍。一是要积极与地方实施社会化区域联合办学，聘请地方院校或政府有关学者、专家定期来部队讲学，选送有发展潜力的指挥人才到地方院校与科研单位学习深造，组织联合作战指挥人才到国家信息技术前沿单位参观走访，学习借鉴地方最新学科知识和研究成果，拓宽指挥人才的知识面。二是要走军队内部联合培养路子，加强院校与部队、院校与军队科研机构、军兵种院校之间的交流、协作和联系，安排联合作战指挥人才到科研机构实习、到其他军兵种院校学习考察，实现院校间教员和资源共享，为联合作战指挥人才培养提供一个有权威、多形式、重实效的协作与交流平台。三是要充分利用外军的教育资源，遴选在联合作战指挥人才培养上有特色的外军院校，派遣学员出国留学、进修和考察，聘请外军专家学者到我军院校讲学和交流，学习借鉴发达国家军队的作战实验室建设成果，了解作战实验发展的最新动态。

4.5.2 优化实验队伍的人才结构，提高整体水平

实验室人员在作战实验进程的不同阶段担任着不同的角色，既是作战实验活动的组织者，又是作战实验活动的参与者，更是作战实验结果的评判者。要完成好作战实验任务，实验室人员的综合能力素质在诸多方面都面临着挑战。实验室人员对作战实验中的各类军事行动要做到了然于心，才能为指导作战实验的顺利进行奠定基础。实验室人员必须具备良好的军事指挥能力，不仅要有深厚的战役理论基础，还要有坚实的战术基本素养；不仅要有分队指挥的经历，还要有合同指挥的积累；不仅要有军种指挥的能力，还要有联合作战的意识；不仅要对我军了如指掌，还要对主要作战对手有深入的研究。同时，作战实验的全过程是一个逻辑严密的过程，实验室人员的各项操作对实验结果的影响应该是决定性的，实验室人员对结果的评判也有着至关重要的作用。除计算

机辅助评判功能之外，实验室人员必须以全部的实验数据为依据，按照相应的评判步骤和规范，根据实验进程和实验终止时的战场态势对实验结果做出评判。这要求实验室人员具备缜密的数据分析能力。因此，要加大军事理论、军事建模和运筹分析方面人才的培养力度，优化实验队伍的人才结构。建立高层次人才的交流、引进和培养机制，鼓励实验队伍中优秀人才脱颖而出，努力培育中青年骨干，提升陆军作战实验的整体水平。

4.5.3 完善实验队伍的管理机制，建立良好环境

实验人才培养必须积极更新观念，转变模式，创新方法，不断增强人才培养的针对性和实效性。必须把实验队伍中人才的引进、培养、选拔和保留机制落到实处，建立健全管理机制，积极营造尊重人才、爱护人才的良好氛围，为陆军作战实验提供智力支持。

一是完善选拔培训机制。严格按照信息化战争的特点、标准与要求，着眼未来任职需要，采取科学有效的测评遴选办法，加强对培养对象综合素质、知识结构的考察，真正把那些创新能力强、有发展潜力的军官吸纳到实验人才队伍中来。在院校培养任务上，应坚持以军为主，让各军兵种指挥院校担负起实验人才培养的职能，同时，军队相关技术院校和地方高校要协助指挥院校完成培养任务。

二是建立人才评价机制。实验人才的能力水平不仅取决于文化程度，更取决于对知识的应用转化能力和对理论的实际运用水平。因此，在实验人才培养过程中，要不断加大质量监管的力度，摸索出一套切合我军实际的人才评价机制，坚持以战斗力提升为牵引，分层次、分专业对人才素质和能力进行认真考核，真正把那些政治立场坚定、思想素质过硬、热爱实验事业、进取意识较强的人才放在实验岗位上。要重视搞好动态评价，着眼人才素质动态变化的特点，调整定性评价与定量考核的比例，注重知识向能力的转化、理论素质向实践能力的转化、静态能力向动态能力的转化，严格实践层次上的考评，按照从易到难、由浅入深的步骤，逐步加大动态评价的难度，促使实验室人员所学内容逐步拓展，能力素质逐步提升。

三是强化考任激励机制。应强化资格认证机制，把持证上岗作为人才使用的首要条件，凡是待上岗的实验室人员，必须有交叉任职、多军兵种锻炼的经历，经过相应级别院校的专业培训，并取得上岗资格证书。坚持考用一致原则，定期对实验室人员进行考核，把考评成绩作为人才使用的硬性指标，激励实验室人员把心思和精力聚焦到想信息化、钻信息化、干信息化上来，形成良好的用人导向，达到以考促学、以学强能之目的。

第5章 陆军作战实验室技术基础

陆军作战实验室的技术涉及多个方面，本章主要介绍与陆军作战实验密切相关的实验想定和方案数据化、实验平台构建以及实验模型构建等技术基础。

5.1 作战实验技术

5.1.1 作战实验仿真系统体系结构

仿真系统体系结构是对仿真系统本身的组成结构及各部分相互关系的总体描述，能够在对仿真实体或仿真过程进行分析的基础上，将对仿真模拟的需求反映到具体的系统结构上。系统各具体组成部分的开发与实现，都应在系统体系结构所描绘的总体框架的指导与约束下进行。仿真系统体系结构，从体系结构内容上可分为系统拓扑结构、系统层次结构、系统通信方式和系统计算结构，从体系结构类型上可分为集中式结构和分布式结构。

作战实验是在人为控制的条件下，探索、验证、演示传播新作战概念、新技术战争的预实践活动。其中，无论是作战实验的控制过程，还是作战实验的研究对象，都离不开人的参与。而对于所研究的作战过程来说，更是无法忽视人为因素在其中所发挥的作用。这是以前作战实验研究所容易忽视的地方，也是我军在设计和进行未来作战实验研究中所需要注意提高和加强的地方。高层体系结构（HLA）是一种新型的分布式交互仿真模拟系统结构框架，也是一种仿真专用的结构类型。其目的是在 HLA 建立的通用技术框架下，允许现有的各类仿真共同加入，实现彼此的交互作用。从仿真的功能上看，HLA 包含了更大的范围，从半实物仿真、人在回路的仿真到聚合级仿真以及 C^4I 系统，都可以在 HLA 结构下实现交互。拓扑结构采用网状结构，计算模式一般采用分布计算模式。各仿真系统建立在基础分布运行环境上，通过标准运行环境中间件完成系统对象之间的分布交互，通信方式为组播方式。各仿真子系统处于平等地位，按分工共同完成仿真模拟任务。

仿真系统一般采用协调一致的结构、标准、协议和数据库作为设计标准，通过网络技术，将地域上分散配置的各种模拟器、计算机生成兵力及其他武器装备的仿真软、硬件与环境有机地连接成一个整体，形成一个在时间和空间上相互耦合且一致的、人可以自由参与交互的虚拟综合仿真环境。

社会物理网络系统（Cyber-Physical-Social System，CPSS）是由物理系统（Physical System）、社会系统（Social System）、网络系统（Cyber System）所共同构成的一类复杂系统，其中社会系统特指包括人的社会系统，信息系统对物理系统和社会系统有关联作用。CPSS 通过传感器网络实现物理系统和信息系统的连接，通过社会传感器网络实现了社会系统和信息系统的连接，这样“社会 + 物理系统”就能够“等价地”映射到信息系统中。CPSS 考虑了社会和人的因素，是融合了物理空间、网络空间和社会空间的一个跨域系统，其模型如图 5-1 所示。

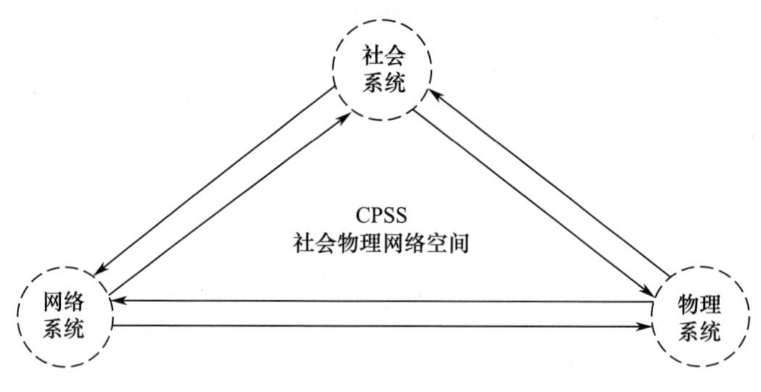

图 5-1　CPSS 模型

在借鉴美军作战实验仿真体系结构发展经验教训基础上，我军在设计未来作战实验仿真体系结构时，可以考虑引入 CPSS 理论，将作战过程映射为以人为主的社会系统和以装备、战场环境等为主的物理系统之间的关系，借助发达的信息技术所构成的网络系统开展新型作战实验研究。在研究过程中，应充分体现和发挥以人为主的社会空间在与物理系统和网络系统互动中的能动作用，以提高现代技术条件下的战役战术指挥作战能力。

5.1.2　计算机生成兵力技术

计算机生成兵力（Computer Generated Forces，CGF），是指在仿真环境中由计算机生成的兵力，它是由计算机程序（算法）实现的软件，特点是利用计算机代替真实的作战训练人员和武器装备，再现其在真实系统中的角色和职能，实现战场环境的兵力对抗，从而降低训练成本和风险。CGF 是一种进行作战实验必不可少的关键技术，有时也称为实体的计算机表示（Computer Representation of Entities）、智能仿真兵力（Intelligent Simulated Forces）、合成兵力（Synthetic Forces）。

构建一个完整的CGF实体，至少需要建立其所描述对象的物理模型和思维模型，其中：物理模型反映对应实体的外在能力，如机动装置、火力系统和探测设备的性能；思维模型描述对应实体内在的"心理活动"，能够展现所描述对象中的作战人员的决策能力。CGF决策分为两个层次：低层次决策决定"自己"或其他CGF实体是前进还是后退，以及前进或后退的速度多大，如在作战过程中通过对战场态势的判断；高层次决策可进行综合分析判断，如根据对多个来袭目标分配打击火力的数量、类型和型号，对多个来袭目标进行威胁程度判断。

根据CGF实体是否具有高层次决策能力，一般分为半自主兵力（Semi-Automated Forces，SAF）和自主兵力（Automated Forces，AF）两类。在实验仿真过程中，SAF需要操作人员协助其进行决策，AF则不需要操作人员干预，能够自动对状态或事件做出合适的应对。随着建模理论、计算机技术特别是人工智能技术的发展，CGF逐渐以AF为主，用来描述作战各方的各级各类兵力实体。

采用CGF实体代表兵力的优点是：①对一个给定的作战想定，可以大大减少所需操作人员和模拟器的数量，优化系统硬件和人力成本；②可以按所希望的任意的战术条令行动，组织协调简单；③训练规模易于控制，可大可小；④可以基于敌对双方武器装备未来的可能发展，组织超前训练。

计算机生成兵力所涉及的关键技术主要包括：CGF的动作规划，仿真模型网络化和细节度可变的仿真；CGF的知识获取和表示方法；自治性方法建模；系统及网络结构；仿真有效性检验；CGF操作员接口；地形表示和基于地形的任务规划；战场态势监视；作战单元与武器平台的路径规划；协同作战行为的实时协调；智能化的目标识别与选择；CGF实体的自学习能力；对CGF实体的恐惧感、自我保护能力和失误性的建模；CGF的行为规范等。

CGF建模一般分为环境建模、物理建模和行为建模。行为建模是指对军事仿真中需要表示的人的行为或表现进行建模，也称为人类行为的表示，含义是用计算公式、程序或某种模拟方法来表示个人与组织的行为。CGF行为建模技术是CGF建模技术的核心，它可以使仿真实体表现出一定程度的人类行为特征，具备不同程度的自治性、推理能力和适应性，最终实现由仿真实体本身决定自身行动的功能，CGF行为模型框架如图5-2所示。

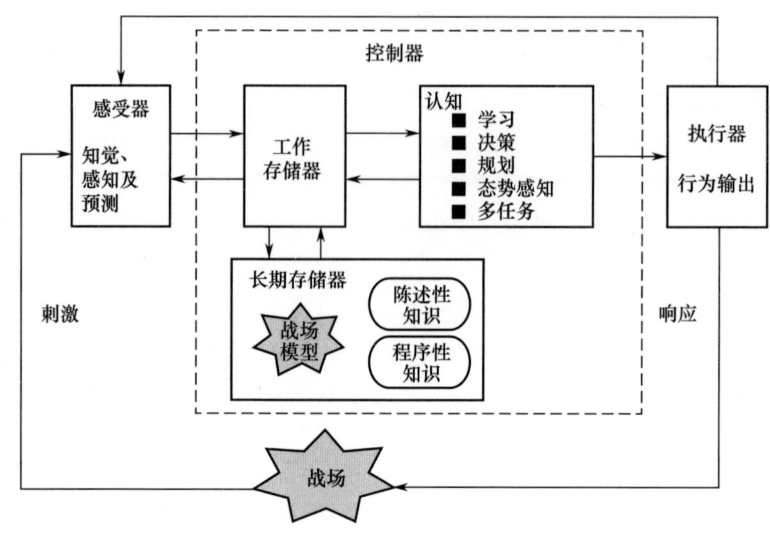

图 5-2　CGF 行为模型框架

5.1.3　复杂作战系统体系对抗建模

信息化战争区别于传统战争的典型特征在于，战争不再是武器对武器、平台对平台的对抗，而是建立在各作战单元、作战要素综合集成基础上体系与体系的对抗，如图 5-3 所示。敌我双方作战体系结构均是一个多层次、多功能相互关联和相互作用的复杂系统，不同层次的不同实体、不同关系在某些环节、机制上相互交织，整体上相辅相成协同作用。

复杂作战系统体系对抗建模核心是体系量化与多智能体建模。

在作战体系量化上，国内外学者进行大量探索。Jeffery R Cares 将网络参数引入战斗模型构建；A. H. Dekker 和 Ang Yang 分别运用网络与多 Agent 相结合的方法构建了作战模型，前者开发出 CAVALIER 系统，后者开发出 Wisdom 系统；2005 年 11 月，美国科学院发表了《网络科学》研究报告，证明复杂网络理论描述体系较为适合；我国工程院李德毅院士对网络中心战与复杂网络理论相结合的问题进行了论述；国防大学胡晓峰教授阐述了复杂网络在战争复杂系统建模中应用的可行性；国防科技大学张维明团队运用网络方法研究组织和任务规划。而多智能体建模技术是适应复杂系统建模的有效方法，能够深刻描述作战系统的涌现行为和自组织性，有效提高作战行为仿真的智能性、自主性和逼真性，为作战系统建模与仿真提供了一种有效的解决方案。

构建复杂作战系统，可以利用作战领域启发知识，综合传统建模技术和智能体优点，按照分层结构化组合思想建立兵力智能体模型，进而基于层次任务

蓝方体系
作战单元
侦察单元
指控单元
保障单元
高级
指控单元
红方体系
指控关系
通信关系
保障关系
协作关系
交战关系
侦察观测关系
作战子系统

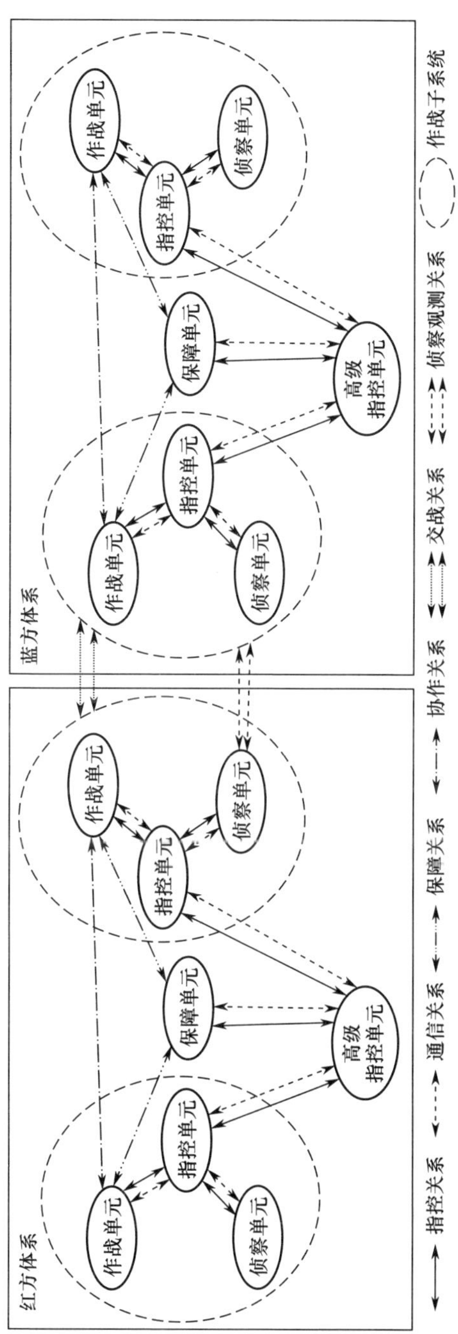

图 5-3 体系对抗示意图

网的决策规划机制和基于军事命令控制结构构建多智能体模型，开发复杂作战系统多智能体应用验证演示系统，并结合实例探索、验证多智能体系统在模拟训练、作战实验、辅助决策等领域的仿真应用效果。

但由于多智能体系统的固有复杂性，以上解决方案仅在某一军兵种进行了摸索试验。在全军领域，目前还没有形成统一的理论与技术框架，而且由于智能体的认知、决策、规划调度、协作的复杂度，复杂作战系统在实时性和动态反应性等方面的不足，限制了其实际应用。

5.2 建模与仿真

5.2.1 平行仿真技术

平行仿真技术源自平行系统概念。平行系统是指由某一个自然的实际系统和对应的一个或多个虚拟或理想的人工系统所组成的共同系统。数学建模、计算机仿真模拟和虚拟现实都是应用平行系统方法进行设计、分析、控制和综合的实例。随着实际系统的规模和需求的不断发展、科技水平的不断提高，这些方法技术的出现是必然的。大多数情况下，这些平行系统方法都是以离线、静态、辅助的形式应用于实际系统的管理和控制。

通常情况下，在平行系统中，控制决策和实施都是针对实际系统的，即控制所用的模型或目标（即相应的人工系统）是被动地用于实际系统的控制，很少或根本没有对相应的人工系统进行控制，即有意识地从概念上区分虚、实系统，导致行为决策上对“虚”系统控制的缺失。

对于复杂系统，主体通常具有智能性与自适应性，可以按照规则做出决策，根据信息修改自身的行为规则，但是多数情况下，既难以严格的数学形式对系统进行定义以及定量分析，建立足够精确的模型，也不能建立可以预测系统短期行为的解析模型。由于无法或难以对复杂系统的行为进行解析分析和预测，同时也无法或难以对复杂系统进行实验研究，大多数时间只能试探性地对复杂系统进行决策和控制。平行系统不仅要利用复杂系统、智能科学及建模仿真等理论，构建与实际系统相似和平行的人工系统，并将实际系统与人工系统平等看待；同时采用计算实验的方法在人工系统中进行各类实验，并通过人工系统与实际系统的平行执行、演化逼近和反馈控制，对现实复杂系统进行模拟、演化、试验、分析和控制，最终实现在实际系统中的控制与决策。

平行仿真技术是对平行系统的继承和发展，具体来说，主要是通过运用计算机技术建立平行仿真系统，实现设计、分析、试验、评估、训练和维护等无法直接对实际系统进行的工作。该仿真系统的重要指标——实时性，建立在仿真系统与实时系统运行时间的关系之上，不管是并行仿真还是串行仿真，仿真过程都是按时间推演的过程。

平行仿真系统主要有两个特点：①人工系统和实际系统平行运行。平行仿真系统中人工系统和实际系统同时运行，人工系统的输入不是预先设定的仿真想定而是实际系统的实时输出结果。人工系统除了和实际系统保持同步运行之外，还根据实际系统的运行情况需要超实时计算得到“未来”可能的运算结果，及时更新人工系统。尤其对长时间运行的系统，对可靠性要求较高，不能终止实际系统的运行而言，例如作战战场、在轨飞行器和电力系统等。所以平行系统虽然是平行运行，但是需要采用高性能计算实现对未来的预估。②人工系统的运行结果可以直接作用到实际系统。人工系统根据实际系统可能面临的变化，通过超实时计算得到运算结果，经过在线分析、验证与评估、智能决策后产生的结果并且作用到实际系统中，提前对系统进行干预。对系统的提前干预包括系统运行中的故障排除、协同工作中的新任务布置及飞行器运行轨道改变等。

平行仿真系统由模型（Model）、计算（Computing）、验证（Testing）和决策（Decision）构成，如图5-4所示。模型是对实际系统的抽象，可以是数学模型、实物及数据模型等形式，模型的建立需要经过校核与验证。计算是采用高性能计算技术基于模型实现对仿真算例的实时或超实时快速运算，包括科学计算、工程计算、采用多核及多任务并行计算等。其中：实时运算用于保证人工系统和实际系统的同步运行；超实时计算用于信息变化更新后的快速计算。验证是根据操作指令和实际系统当前状态，预测实际系统未来的状态，通过让仿真系统以较实际过程快得多的速度运行，对虚拟环境进行预示、预演和评估，使得操作员可以对指令序列验证，增加操作指令的合理性。决策是指根据

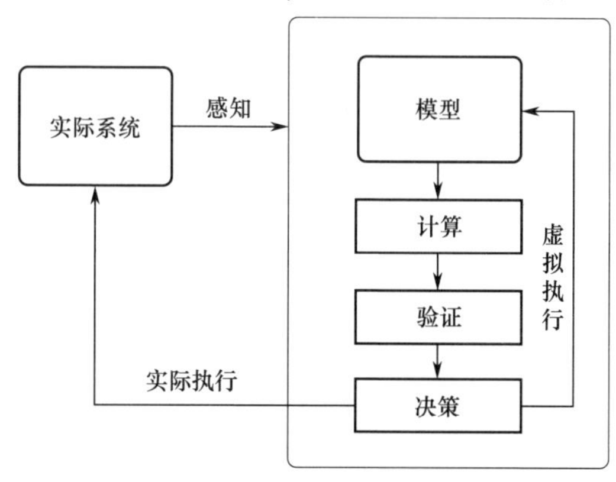

图5-4　平行仿真系统

超实时计算、评估结果，生成多种合理的行动方案，经过不断匹配、调整和寻优得到最优解决方案。决策产生的中间方案作用到人工系统上，用于实现进一步的场景预示，称为虚拟执行；决策产生的最终方案作用到实际系统上用于改变实际系统的运行状态，称为实际执行。平行仿真系统通过感知、计算、验证、决策以及虚拟执行的不断迭代达到最优方案。

5.2.2 综合自然环境建模与仿真

综合自然环境是指对包括陆地、海洋、大气、太空在内的整个自然环境空间领域具有权威性、完整性、多态性和一致性的数据描述、模型表示和仿真。其中，“综合”具有三个层次的含义：①不同自然环境空间领域即陆地、海洋、大气和太空的综合；②不同数据和模型的综合，即为可见光、雷达和红外波段、CGF 仿真等提供具有多表示和多分辨率的数据和模型；③模型、数据、仿真的完整性、正确性、一致性和权威性，即有效地支持国防和军事领域的建模与仿真。

综合自然环境建模与仿真是国防领域建模与仿真的必然需求，也是获得和提高互操作性、可重用性和可信性的关键，已经成为现代先进建模与仿真的一项公共支撑技术和关键核心技术。军事系统中的行为模型与综合自然环境紧密相关，特别是进攻、防御、展开、迂回、补给、转移、撤退等推理规划决策模型。中国古代著名军事家孙武在《孙子兵法》中指出“知天知地，胜乃可全”，德国著名军事家克劳塞维兹的《战争论》和现代美军作战也都十分重视地形、地貌、气象等自然环境对军事作战行动的影响。因此，国防和军事领域的建模与仿真特别是作战仿真必须考虑自然环境因素。

综合自然环境建模与仿真的研究对象是包括陆地、海洋、大气、太空在内的整个自然环境领域，其目标是为国防和军事领域的建模与仿真应用提供权威、一致的综合自然环境数据和模型，以有效支持可视化、雷达和红外波段以及 CGF 等的仿真。自然环境的状态、过程和现象更是直接和军事系统的各种物理模型相互作用，例如地形、地物和地貌对地面车辆的运动产生重要影响，地表起伏、地面材质和土壤强度则对地面车辆的行驶运动产生影响，地面障碍、大气降水、空间磁场和烟雾尘霾等则可能对可见光、雷达和红外等电磁波段的能量传播产生影响，地面建筑物、大气状况等则会对核爆炸、生物以及化学过程产生影响。同样，军事系统物理模型反过来又会对综合自然环境产生影响，如主动式传感器的能量传播、武器系统和作战平台引起的动态环境变化等。虚拟战场中的综合自然环境概念参考模型如图 5-5 所示。

在综合自然环境的建模与仿真方面，系统而深入的研究工作始于 20 世纪 80 年代初期。鉴于综合自然环境建模与仿真的迫切需求和重要意义，以美国为代表的发达国家资助了大量的研究计划和工程项目，取得了较多的成果，积累了丰富的经验，并始终保持着技术上的领先优势，代表了综合自然环境建模与仿真的发展方向。依据技术发展的不同层次，综合自然环境建模与仿真的发展历程主要可分为原始技术积累和先进技术形成两个阶段。

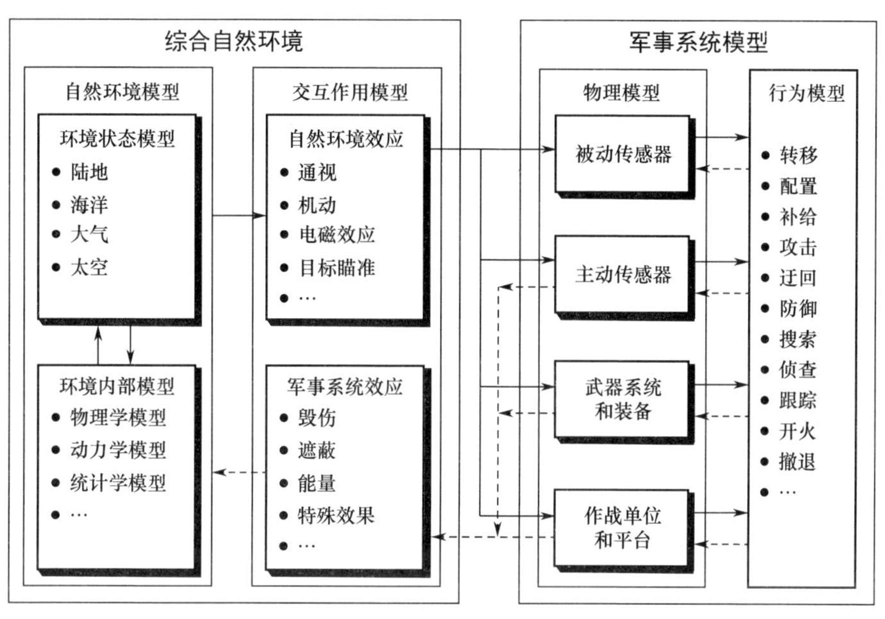

图 5-5　虚拟战场中的综合自然环境概念参考模型

20 世纪 80 年代初期至九十年代中期，是综合自然环境建模与仿真领域原始需求、技术和经验的积累阶段。这一阶段的显著特点是研究机构比较松散，缺乏组织和协调，研究内容也比较分散，研究成果也不尽相同。从技术角度看，这一阶段的研究成果主要集中在综合自然环境的数据交换、地形数据库的生成、可视化仿真和动态地形等方面。

20 世纪 90 年代中期至今，是综合自然环境建模与仿真领域先进技术、方法、工具和标准的形成阶段。美国国防建模与仿真办公室（DMSO）在 1995 年发布建模与仿真总体计划之后，立即成立了专门的建模与仿真执行机构，负责陆地、海洋、大气以及太空领域建模与仿真计划的组织和实施。与此同时，更多的政府机构、商业公司和工业部门参加进来，成为在不同技术领域的签约机构或合作机构，并由 DMSO 统一进行领导、组织和协调。从技术的角度看，这一阶段的研究成果主要包括综合自然环境数据表示与交换技术、环境数据模型（Environment Data Model，EDM）的建模技术、综合自然环境模型和数据的生成和重用技术以及动态自然环境的仿真技术。

5.2.3 多分辨率建模

多分辨率建模，是指通过对仿真实体建立多个层次的仿真模型，其中也包含同一实体的不同层次的仿真模型，通过不同分辨率模型的聚合、解聚，在仿真时按需求动态切换不同分辨率的模型，从而顺利、高效地完成仿真任务。多分辨率建模的近似概念有多表示建模、多模型建模与模型抽象。多模型建模与多分辨率建模概念很接近，它是指对同一仿真实体用多个模型进行表示，仿真运行时按照仿真需求选择需要运行的仿真分辨率，但不能同时运行同一实体的两个分辨率模型。两者都是通过多个仿真模型描述同一个实体，但多模型建模中的多个模型一般是指同一层次的仿真模型。多表示建模是指同一现象的多个模型的联合执行。不同于多分辨率建模和多模型建模，多表示建模中的模型既包含同一对象不同层次的仿真模型，又包含同一对象在某个层次的不同仿真模型，可认为是广义上的多分辨率建模，定义上包含了多分辨率建模和多模型建模。模型抽象是建模的实现形式，可以认为是建模的一个过程。上述概念之间的关系可用图5-6表示。

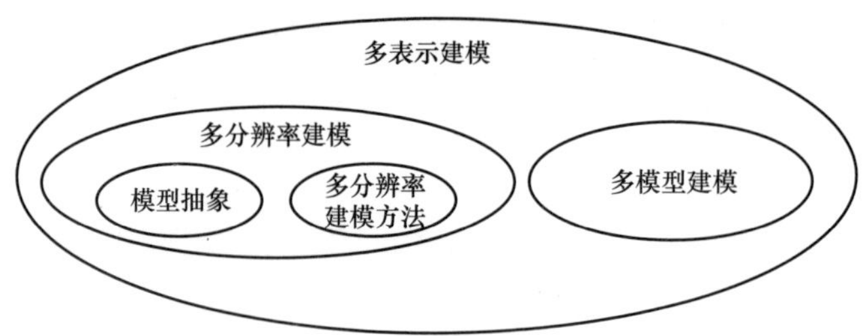

图5-6　多分辨率建模相关概念关系图

目前多分辨率建模技术的研究与实际应用并不成熟，但许多研究人员结合仿真对象提出了很多实用的建模仿真方法，比较经典的有聚合解聚法、系统实体结构和模型库（SES/MB）和跨分辨率交互法等。

一是聚合解聚法。聚合解聚法是处理不同分辨率模型间切换的常用方法。首先该方法很符合大部分人对实体的认知，其次采用面向对象的设计思想很容易实现。虽然理论上该方法还有大量需要研究、定义的问题，而受到研究人员的质疑，但在军事仿真等具体仿真活动中得到了广泛的运用。聚合解聚法的核心思想是随着仿真人员的需要，将高分辨率模型聚合到低分辨率，或将低分辨率模型解聚到高分辨率。聚合是一个抽象、忽略的过程，是对一个复杂度较高的模型进行抽象忽略，在保持整个系统一致性的前提下采用细节更少、更简单的模型来替代，用面向对象的思想理解，就是将一个或多个对象复杂对象用一个复杂度较低的对象表示的过程。解聚是聚合的逆过程，即通过补充低分辨率模型的细节信息，使其成为一个或多个复杂模型的过程。在聚合解聚法中，仿真运行时系统只能运行一个分辨率的模型，并按照实际的仿真聚合解聚得到不同的仿真分辨率，在满足仿真需求的前提下尽可能运行复杂度低的仿真模型，从而提高仿真活动效率和仿真资源利用率。

二是系统实体结构和模型库（SES/MB）。SES/MB 严格意义上并不能算是多分辨率建模方法，可以认为是一个建模框架。SES/MB 最早是由 Zeigler 提出的，主要为先进仿真环境中的模型库管理提供支持。该方法将同一个实体的不同模型按层次化、模块化的思想组织起来，在仿真时通过从中选择需要的模型完成仿真任务。SES/MB 的设计思想是：通过遍历的方法，找到对应的仿真模型，并组成满足仿真需求的仿真系统；通过对仿真实体的行为和结构分别建模，降低仿真模型的聚合性，从而可以简化模型复杂度、降低建模工作量；通过建立模型库的方式，加强了模型的重用性，降低了建模工作量。

三是跨分辨率交互法。跨分辨率交互法在多分辨率建模仿真领域一直被排斥，因为它违背了多分辨率建模的基本思想。一般意义上的跨分辨率交互只是不同分辨率模型间信息的传递，并不改变模型的属性。例如，在低分辨率模型缺少参数，而高分辨率模型含有这些参数时，可以通过将这些信息差通过跨分辨率交互法传递给相应的低分辨率模型，即仿真过程中，当需要运行同一模型的另一分辨率模型时，采用跨分辨率交互法，很容易导致模型的一致性问题。因此，应该尽量避免使用跨分辨率交互法，但如果跨分辨率所引起的模型一致性问题并不是仿真的主要问题，且可满足面临的仿真需求时，该方法是可行的。

5.2.4　可扩展建模与仿真框架

可扩展建模与仿真框架（XMSF）可定义为一组基于 Web 的建模与仿真的标准、描述（ProfiieS）以及推荐准则的集合。基于 XML 的标记语言、Internet 技术与 Web 服务将促进新一代分布式建模与仿真应用的出现、发展与互操作。

XMSF 不是单一的体系结构，而是诸多 ProfiieS 的集合。仿真互操作标准组织（SISO）在 2003 年 9 月建立了 XMSF ProfiieS 研究小组（XMSF ProfiieS SG），讨论确立了 XMSF ProfiieS 的需求范围、定义、目标等。XMSF ProfiieS 是描述基于可互操作 Web 应用的正式技术规范，能够促进建模与仿真的可组合性以及可重用性，有利于企业应用的集成。XMSF ProfiieS 包括可应用的 Web 技术、协议规范、数据与元数据标准，经选择的现有标准的裁剪集合，以及关于应用实现的建议和指导等。XMSF ProfiieS 的目标是：①提供对框架组件以及组件间接口的明确的功能说明；②确保在建模与仿真及其相关领域内已经存在的和新出现的 Web 使能（Web Enabied）技术的互操作性；③提供有利于促进组件在诸多建模与仿真应用领域可组合性及可重用性的必要的元数据；④促进能够与现存的应用与服务互换的新应用与服务的发展；⑤促进功能持续增强的新应用与服务的发展。

从技术角度而言，XMSF 不是一个单一的应用，而是针对具体技术解决方案的一组标准，以及利用 Web 服务和技术创建仿真应用的工程过程。研究 XMSF 这类复杂问题的通用方法是将其分解成若干问题后逐一攻克解决。XMSF 涉及多个领域的知识，研究人员将其划分为三个主要的技术领域，分别是：Web 技术与 XML，Internet 和 Networking，建模与仿真（MSS）。三个技术领域之间并没有严格的划分界限，彼此之间有许多重叠。

一是 Web 技术与 XML。XMSF 所采用的 Web 技术战略是目前解决跨平台系统互联、互操作的最有力的技术解决方案，而且 Web 技术得到了目前全球范围内各工业组织、IT 公司以及研究机构的广泛支持，一些成功的应用范例也为建立先进分布仿真系统提供了最直接的技术支持。为满足跨平台互操作更大规模的需求，XMSF 应该采用与语言和对象系统无关的面向对象的范例和有效的结构化数据，与之相关的技术包括 XML、IDL、UML 等。XMSF 还应该采用模块化的框架，并带有核心插件以支持框架底层的扩展与修改。为支持多系统互联以及系统向前发展、向后兼容，在系统的全生命周期和所有层次上都需要采用模块可扩展的设计模式。为支持真实世界可靠的军用通信系统，XMSF 需要与目前的战场无线电、无线和有线通信技术兼容，这样在使用不同的 Web 技术时，不同的网络通道和传输机制就可以推动应用级的设计决策。

二是 Internet 和 Networking。要实现 XMSF 的目标，在网络服务方面，首先应保证这一框架不能仅限于单一的网络，它必须能够运行于公共的 Internet 上；其次，XMSF 应用不能依赖于特定的网络媒介；再次，伸缩性和适应性是 XMSF 本质的需求，不仅体现在对大量用户的支持，同时也应体现在对仿真互操作过程中所涉及的无法预计的网络服务需求的支持；最后，网络上所传输消息的格式必须进行明确的定义。

三是建模与仿真（MSS）。在建模与仿真领域，XMSF 面临着许多已有的以及新的挑战，其功能需求包括：向后兼容性；可组合性；多分辨率建模；作战系统集成；时间服务；仿真支撑服务——记录与回放。

许多应用系统的开发都符合 XMSF 的思想，例如 SAIC 开发的 Web 使能 RTI（WE-RTI），成功利用 Web 服务实现了 HLA 联邦成员的互联，系统概略如图 5-7 所示。

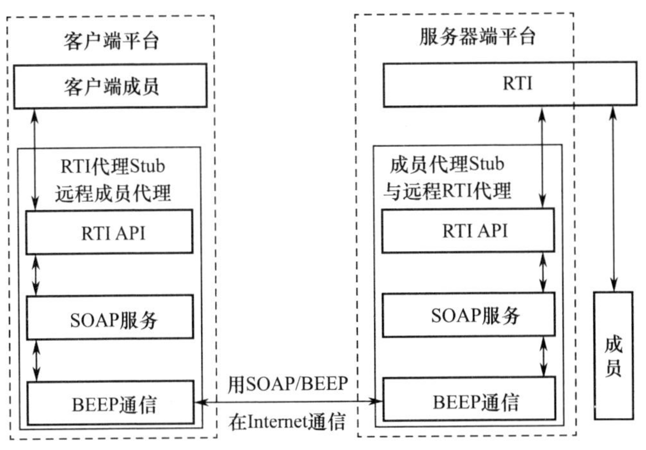

图 5-7　Web-Enabied RTI 体系结构

5.3　虚拟现实

5.3.1　虚拟现实技术

虚拟现实技术是通过硬件设备和软件程序共同创建一个在三维视觉、听觉、触觉等方面都酷似客观环境，既能超越客观时空而沉浸其中，又能驾驭其上的和谐人机环境，以达到逼真的仿真效果。这里的人机环境是一个由多维信息所构成的可操纵的空间，其中最重要目标就是给参与者提供真实的体验和方便自然的人机交互。能够达到这样日标的系统，就称为虚拟实际系统。

虚拟现实技术具有沉浸、交互和想象三个特性。沉浸是指系统要使参与者有“真实”的体验并全身心的投入，即产生在虚拟世界中的幻觉。交互是指系统要能提供方便的、丰富的、主要基于自然技能的人机交互手段。想象是指由于虚拟实际系统不仅是一种媒体或用户的高端接口，而且还是针对某一特定领域，解决某些问题的应用，所以，除了需要了解应用需求和技术能力外，还需要有丰富的想象力。参与者在虚拟环境中的存在形式有两种：①主观参与，参与者是整个经历的中心，一切围绕参与者进行；②客观参与，参与者可以在虚拟环境中看到自己和其他物体的交互。

在具体实现上，虚拟现实技术分为非沉浸类虚拟现实、沉浸类虚拟现实、分布式虚拟现实、增强现实。非沉浸类虚拟现实是指采用标准的显示器和立体显示、立体声音技术，用多种空间操纵设备进行操作，主要应用有全景视频系统、基于座舱的系统、桌面虚拟现实 CAD 系统和基于剧情的虚拟实际系统等。

沉浸类虚拟现实是指利用头盔显示器或其他设备把参与者的视觉、听觉和其他感觉封闭起来，并提供一个虚拟的感觉空间，使得参与者产生一种身在虚拟环境中、并能够全身心投入和沉浸其中的感觉，主要应用有基于头盔的系统、投影虚拟实际系统、遥控系统等。分布式虚拟实际系统是在上述技术的基础上，使多个用户连接到一起，并共享同一个虚拟空间，实现分布式交互仿真。增强现实技术是指采用穿透型的头戴显示器，将计算机图形或其他辅助信息数据与操作员所观察到的实际环境叠加到一起，以协助操作员进行操作或工作，其目的是增强操作员对真实环境的感受。

随着计算机技术的迅速发展，虚拟现实技术越来越成熟，广泛应用于军事教育训练，主要集中在战场环境、军事训练和武器装备的研制与开发等模拟应用。

一是战场环境仿真。对作战地形、战场环境、兵力兵器等进行现实模拟，构成可度量的、多维的、逼真的、可感知的虚拟战场环境，通过人机交互功能，在软件平台上利用三维战场环境图形图像数据库实现虚拟战场环境的构建，为用户生成逼真、丰富、饱满的立体战场环境，为部队模拟实战训练提供训练平台，使军队指挥员有一种身临其境的战争状态，从而在模拟中提高参训人员对战争的认知度和对战场环境的熟悉度，为实战打下坚实的基础。

二是单兵模拟训练。在实现战场环境虚拟构建的基础上，开展作战模拟训练、武器装备模拟训练。作战模拟训练是在虚拟战场环境中，将传感设备加载于单兵实体上，让单兵对战场环境按照实战需求进行不同的选择，采取相应的处置方法、体验各种战场效果，就像实战状态下作战一样，这些功能都要通过传感设备的操作来实现，达到应有的效果，使广大参训者的战术素养、指挥水平、应变能力和心理承受能力得到大幅度的提升。武器装备模拟训练是通过武器装备操作的模拟训练，增强武器装备的认知和熟悉程度，解决大型新式武器装备数量少、经费耗费大和真实训练难开展、训练场地和实弹射击目标区域受限的问题，达到在武器装备虚拟环境中实现对真实装备实际操作的目的。单兵对战训练系统如图 5-8 所示。

三是近战战术训练。近战战术训练系统是把多个模拟器、仿真器按照武器装备、兵力配置、战术原则连接起来，实现分散的军兵种的联合。通常联合以下训练系统，如陆军的近战战术训练系统、野战炮兵合成战术训练系统、防空战术训练系统；空军的合成战术训练系统和火箭军的导弹战术训练系统，建立多军兵种的虚拟战场，实施联合演习，演示高科技战争逼真的对抗演习。

四是指挥员训练。通过侦察资料，运用虚拟现实技术，建立虚拟战场环境，实现环境的集成和显示，参训指挥员通过显示了解敌情、我情和环境情况，进行分析判断，定下正确决心，利用传感装置在虚拟战场环境中实现决心意图，用生动的视觉、听觉、触觉效果显示战场结果，为指挥员评定决心是否正确提供依据，并及时查找决心方案中存在的问题及原因，不断提高指挥员的指挥能力。

图 5-8　单兵对战训练系统

5.3.2　战场环境生成技术

虚拟战场环境是作战仿真中对实际战场环境的模拟再现，是所有作战实体行动和交互发生的环境，对参与其中的各种实体都有约束作用，在不同程度上影响着双方作战能力的发挥。如果环境没有正确构建，实体间（及与环境间）的交互将会不准确，作战仿真的关键属性将会出现错误的结果。

战场环境构成要素众多，包括自然环境和人文环境。由于作战力量、作战规模和作战样式的不同，对战场环境构成有不同的理解，战场环境构成要素的界定和分类没有一个统一明确的标准。比如，按照战场的空间位置特性，战场环境可分为陆战场、海战场、空战场和太空战场；按照对作战影响和制约的特征，战场环境主要包含战场物质环境和战场信息环境两大基本要素，这两大要素又包含相应的子要素，如地理环境、气象环境、电磁环境、核生化环境等。战场环境是影响和制约作战行动的最主要因素，一旦作战区域确定，其客观自然环境相对稳定，人为因素只能改变该环境的局部特征，因此自然环境是基础，人文环境是补充。

战场环境生成技术也称战场环境仿真技术，是指采取卫星侦查、航空侦查、地面侦查等方式获取战场信息，并运用可视化计算、计算机仿真、图形图像、多媒体技术进行综合信息处理，为分布式仿真和作战模拟等提供虚拟的战场环境。战场环境仿真是作战仿真中对实际战场环境的模拟再现，是所有作战实体行动和交互发生的环境，对参与其中的各种实体都有约束作用。战场环境仿真可分为数据仿真和可视化仿真两种描述方式，如图 5-9 所示。

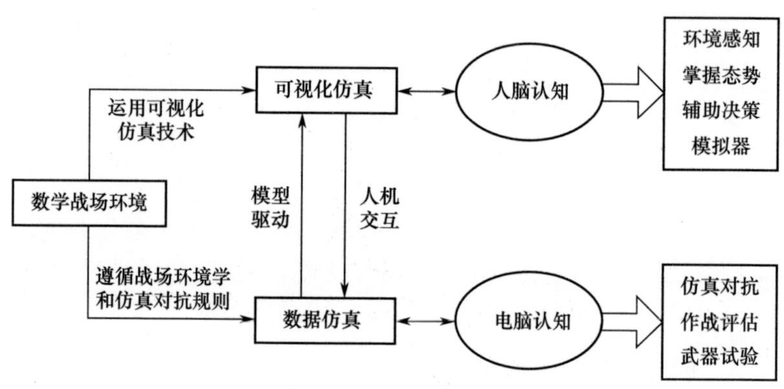

图 5-9　战场环境仿真的两种描述方式

战场环境仿真过程主要分为两个阶段。第一阶段是对各种仿真实体进行建模，将战场环境中的地形、人工地物、动态实体根据其自身特征在计算机中进行逼真描述。第二阶段是对各种仿真实体进行绘制，将这些仿真实体进行合理组织与管理，实时呈现在显示器上。在可视化仿真过程中，涉及的技术较多，如建模技术、GPU 渲染管线技术、层次细节技术、可见性裁剪技术等。

从战场环境仿真的概念提出以来，各国政府和相关研究机构投入了大量的人力、物力和财力对其开展研究。研究的主要目的是利用虚拟现实技术构建多维的、可交互的、可度量的、逼真的虚拟战场环境，借此提高参训人员的操作技能和对战场环境信息的理解，在和平时期保持军队的战斗力。

随着计算机软硬件技术水平的不断提高，生成的虚拟战场环境越来越逼真，正逐步朝着多维度、可交互、可度量的方向发展，使参训人员在虚拟战场环境中有身临其境的感觉，从而准确理解和把握战场环境及态势，提高训练质量，提升战斗力。

5.3.3　虚拟样机和虚拟环境技术

（一）虚拟技术

虚拟样机（Virtual Prototyping，VP）是一种重要的并行工程支撑技术。所谓并行工程（Concurrent Engineering，CE），是一种指导系统开发的方法论，而不是某几种产品开发技术的组合。并行工程要求从产品设计的一开始就考虑到全生命周期中的问题，强调并行有序的产品开发，上下游共同决策。并行工程通过组成多学科的产品开发群组协同工作，使产品开发的各个阶段既有一定的时序，又是并行的，同时通过上下游共同决策，使系统开发过程具有了信息反馈，在产品的开发早期能够及时发现产品开发全过程的问题，缩短了产品开发周期，提高了产品质量，降低了成本。并行工程被成功应用于波音777、F-35等复杂产品的开发。

具体地说，虚拟样机技术是一种基于产品的，在产品设计、研究中利用计算机辅助模型替代真实物理样机的数字化设计方法，这些数字模型能从视觉、听觉、触觉，及功能、性能和行为上模拟真实产品。虚拟样机技术涉及多体系统运动学与动力学建模理论及其技术实现，通过将CAD/CAM/CAE信息集成到产品开发环境中，在产品制造之前实现产品的仿真、分析和优化过程。运用该技术所得到产品也称为虚拟样机，是将先进的建模仿真、数字化设计、交互式用户界面和虚拟现实等多种技术综合应用于一体而形成的一个具体产品。

随着计算机技术和虚拟样机软件的快速发展，虚拟样机技术得到了长足的发展和广泛的应用。虚拟样机技术的有效应用，可以缩短开发周期减低成本，提高科研人员创新能力，同时可避免频繁进行样机试验的安全性问题。在虚拟样机的仿真试验过程中，科研人员要实时观察虚拟样机的动态行为，评估相应的设计方案。因而需要一种提供协同可视化手段，实时观察虚拟样机在三维虚拟试验场中的动态行为。同时，并行工程要求在项目成员（包括项目管理者、用户、设计师、工程师、测试、培训、维护人员等）之间实现协作，共享信息（如产品结构、几何模型、功能模型、开发状态、项目进度等），因此为项目成员提供协同工作支持成为产品协同开发过程中的一个关键问题。

（二）虚拟环境

虚拟环境（Virtual Environment，VE）是研究创建和体验虚拟世界的计算机系统的理论、方法和技术，利用计算机生成逼真的三维视觉、听觉、触觉和嗅觉等人体感官信息，使人作为参与者通过适当装置，自然地对虚拟世界进行体验和交互作用。虚拟环境是一种综合集成技术，涉及计算机图形学、人机交互技术、传感技术、人工智能等多个学科。虚拟样机协同虚拟环境（Collaborative Virtual Environment for Virtual Prototyping，CVEVP）可以为项目成员协同观察虚拟样机的几何模型，以及仿真实验中的动态行为提供有效的技术手段。虚拟样机协同虚拟环境是一个交叉学科问题，涉及虚拟环境、分布式仿真、协同工作和网格计算等多个学科，如图5-10所示。

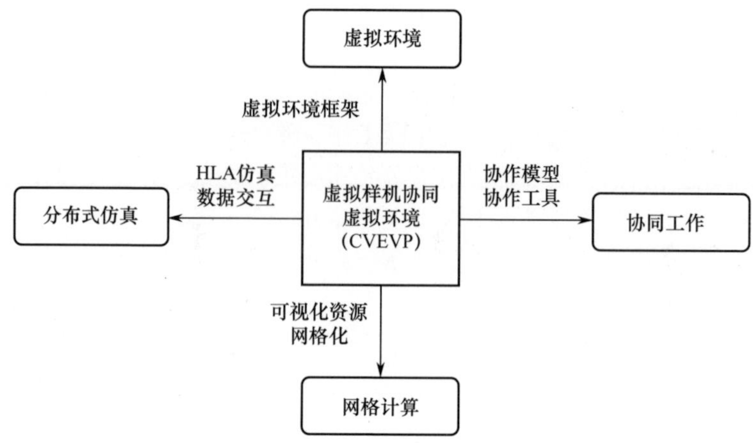

图 5-10　虚拟样机协同虚拟环境相关技术体系

5.4　前沿技术

5.4.1　智能计算与计算智能

智能计算又称为“软计算”，是人类受自然（生物界）规律的启迪，根据其原理，模仿求解问题的算法。从自然界得到启迪，模仿其结构进行发明创造，属于仿生学范畴，这是人类向自然界学习的一个方面。另一方面，还可以利用仿生原理进行设计（包括设计算法），即智能计算的思想，如人工神经网络技术、遗传算法、模拟退火算法、模拟退火技术和群集智能技术等。如图 5-11所示为一个典型的多层感知神经网络结构。

智能计算技术是一门涉及计算机科学、智能技术、神经科学、物理学、数学、生理学、心理学等的交叉学科。目前，智能计算技术在神经信息学、生物信息学、化学信息学等交叉学科领域得到了广泛应用。这项技术所取得的些许进步，都会进一步促进神经信息学、生物信息学、化学信息学等交叉学科的发展。反过来，后者的深入研究和进一步发展，也将大大促进智能计算技术的长足进步。因此，深入开展智能计算技术的研究具有重要意义，应引起我们的高度关注。智能计算技术是将问题对象通过特定的数学模型进行描述，使之成为可操作、可编程、可计算并可视化的一门学科。它运用其所具有的并行性、自适应性、自学习性来对信息、神经、生物和化学等学科中的海量数据进行规律挖掘和知识发现。由于其在整个计算过程中自始至终充分考虑了计算的瞬时性和敏捷性，因而对于复杂的问题对象能够通过任务分解或变换方法，使得问题对象在有限的时间内获得令人满意的解。

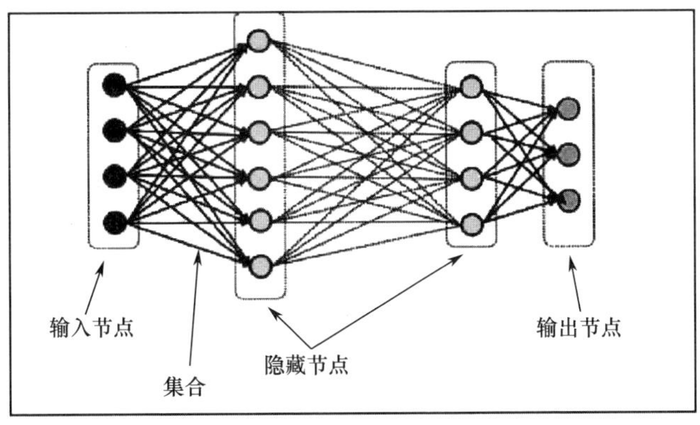

输出：
$$y_i = f(\omega_i^1 x_1 | \omega_i^2 x_2 \ \ \omega_i^3 x_3 | \cdots | \omega_i^m x_m) = f\left(k \sum_j w_i^j x_j\right)$$

图 5-11　一个典型的多层感知神经网络结构

过去，智能计算技术的进步总是离不开人工智能，特别是人工神经网络技术的发展。但是以符号推理为特征的人工智能技术由于过于依赖规则，以至被认为缺少数学支持而遭到质疑，而以自学习、自适应、高度并行性为特征的人工神经网络技术，虽有坚实的数学基础但又无法精确处理实际问题中的各种小样本集事件，这些大大限制了智能计算技术的进一步发展。近年来，由于支持向量机（Support Vector Machine，SVM）、核（Kernel）方法和深度学习（Deep Learning）等新方法的相继出现，智能计算技术不但能处理海量数据等大样本集的问题对象，同时也能自适应地处理小样本事件集的数据，从而使该项技术更切合实际需求，更受人们的青睐。

与智能计算相对应，计算智能是人工智能的重要组成部分，是在 20 世纪 90 年代初期向传统人工智能挑战过程中提出的研究模拟人类的思维或生物的自适应、自组织能力，以实现计算技术的智能性为目的的一门新兴学科，也是一门涉及物理学、数学、生物学、心理学、神经科学和计算机科学等学科的交叉学科，还是一种从生物底层对智能行为进行模拟和研究的仿真计算方法。计算智能拓展了传统的计算模式，为复杂问题的求解提供了新思路和新方法，能将实际问题中的研究对象通过特定的数学模型进行描述，使之变成可操作、可编程、可计算和可视化的一门学科。实际中，由于计算智能允许存在不精确性和不确定性，试图对表达精确的或不精确的问题寻找近似解或满意解，因而具有稳健性强、求解成本低等特点，可以较好地解决大规模复杂系统中出现的

“组合爆炸”问题。计算智能的意义在于促进了基于计算和基于物理符号相结合的各种智能理论、模型和方法的综合集成，以发展功能更强大、能解决更复杂系统的智能行为，因而被认为是对 21 世纪的计算技术有重大影响的关键技术。

5.4.2 云计算

狭义的云计算是 IT 基础设施的交付和使用模式，是指通过网络以按需、易扩展的方式获得所需的资源。它的原理是通过网络将庞大的计算处理程序自动分拆成无数个较小的子程序，再交由多部服务器所组成的庞大系统搜寻、计算分析之后将处理结果回传给用户。通过这项技术，网络服务提供者可在数秒之内，处理数以千万计甚至亿计的信息，达到和“超级计算机”同样强大效能的网络服务。广义的云计算是服务的交付和使用模式，是指通过网络以按需、易扩展的方式获得所需的服务，这种服务可以是跟 IT 和软件、互联网相关的，也可以是任意其他的服务。

从目前的实践来看，云计算的实现主要有以下 7 种形式：①软件即服务（Software as a Service），这种类型的云计算通过浏览器把程序传给用户，既可以省去用户在服务器和软件授权上的开支，又可以减少供应商的成本；②实用计算（Utility Computing），这种类型的云计算是为 IT 行业创造虚拟的数据中心使得其能够把内存、输入/输出设备、存储和计算能力集中起来成为一个虚拟的资源池来为整个网络提供服务；③网络服务（Web Services in the Cloud），同软件即服务相类似，但网络服务提供者能够提供 API 让开发者开发更多基于互联网的应用，而不是提供单机程序；④平台即服务（Platform as a Service），这种类型的云计算把开发环境作为一种服务来提供，开发者可以使用中间商的设备来开发自己的程序并通过互联网和其服务器传到用户手中；⑤管理提供商（Managed Service Providers），这种应用更多的是面向 IT 行业而不是终端用户，常用于邮件病毒扫描、程序监控等；⑥商业服务平台（Service Commerce Platforms），是对“软件及服务”和“管理服务提供商”两种类型的混合应用，该类云计算为用户和提供商之间的互动提供了一个平台；⑦互联网整合（Internet Integration），这种类型的云计算将互联网上提供类似服务的公司整合起来，以便用户能够更方便的比较和选择自己的服务供应商。

云计算具有以下优点，具体描述如下：

一是云计算的规模理论上可以无限大。“云”能赋予用户前所未有的计算能力，只要能搭建起足够大的云服务器，云计算几乎能够满足用户所有的应用需求。目前，Google 公司的云计算服务器有 100 多万台，Amazon、IBM、微软、Yahoo 公司的云计算服务器也能达到数十万台。

二是云计算具有很强的通用性和便捷性。云计算不针对特定的应用，在“云”的支撑下可以构造出千变万化的应用，同一个“云”可以同时支撑不同的应用运行；云计算支持用户在任意位置、使用各种终端获取应用服务。

三是云计算具有高度的可扩展性和可靠性。“云”的规模可以动态伸缩，满足应用和用户规模增长的需求；“云”使用了数据多副本容错、计算节点同构可互换等措施来保障服务的高可靠性，使用云计算比使用本地计算机更加可靠。也就是说，再不用担心因为系统崩溃而导致文件丢失，存储在云服务器中的文件根据重要程度可以有若干个副本，即使有部分服务器损坏也不会影响正常的存储和使用。

四是云计算提供按需服务，价格非常低廉。“云”是一个庞大的资源池，可按需购买，可以像自来水、电、煤气那样计费。由于“云”的特殊容错措施可以采用极其廉价的节点来构成“云”，“云”的自动化集中式管理使大量用户无需负担日益高昂的数据中心管理成本，“云”的通用性使资源的利用率较之传统系统大幅提升，因此用户可以充分享受“云”的低成本优势。

但是，云计算也存在一些不足。使用云计算需要一个宽带、高速、能保证持续连接的网络环境；存储在云中的数据有可能会被未经授权的其他用户恶意访问；存储在云中的数据虽然具有很高的可靠性，但如果万一“云”出了问题，导致部分数据不幸丢失，将再也无法找回来等。这些不足都是使用云计算前必须要了解的潜在威胁。

构建基于云计算的作战实验室系统，首先要搭建作战实验云服务器，这些服务器可以由不同的军兵种搭建在不同的地点，通过军队内部网络联结起来，向全军所有军兵种的作战实验室开放，由联合作战实验管理机构指定专业部门负责作战实验云的管理和维护。但这种专门为作战实验搭建云服务器的做法会造成资源的大量浪费，因为开展作战实验所占用的云服务器的时间非常有限，其余实验论证、实验准备、实验结果分析等时间段内云服务器处于闲置状态，这对于花费巨大代价搭建起来的云服务器来说是太浪费了。而云计算很突出的一个特点是具有很强的通用性和便捷性，因此，不必专门为作战实验搭建云服务器，军队内部可以只搭建一个巨型云服务器，为军队内部包括作战实验用户在内的所有用户提供多种不同的应用服务。基于云计算的作战实验室系统示意图如图 5-12 所示。

基于云计算的作战实验室系统具有以下的一些特点：

一是理论上可以支持任意规模的作战实验。只要能够搭建起足够规模的云服务器，就可以支持相应规模的作战实验。由于没有必要搭建专门的作战实验云，而是全军搭建一个巨型云服务器，为包括作战实验室在内的军内各用户提供不同的服务，因此，该云服务器的大小应该足够支持任意规模的作战实验。

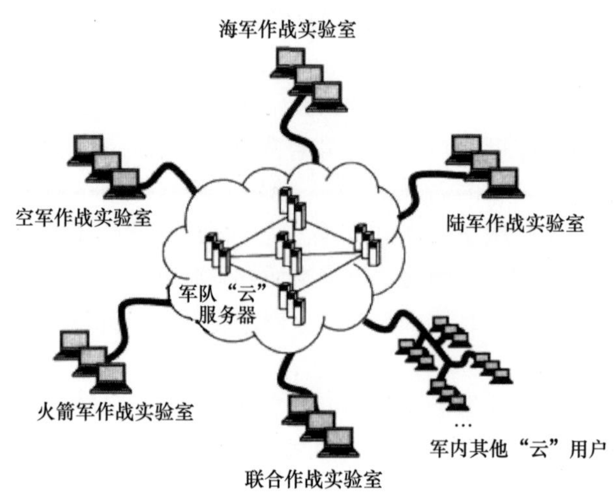

图 5-12　基于云计算的作战实验室系统示意图

二是具有超强的兼容性和通用性。通过各种工具和方法开发的实验平台和系统，可以随时随地接入云服务器参加作战实验，云计算技术会自动屏蔽其操作系统、基础设施和系统软件的差异，消除各实验平台系统间的异构性，保证实时性的互联、互通和互操作。

三是性能可靠、使用方便。由于“云”使用了数据多副本容错、计算节点同构可互换等措施，保证了在作战实验过程中不会有因为误操作或部分主机损坏而暂停实验情况的出现；而且参加作战实验的用户不受地域和条件的限制，可以在任意位置、使用各种终端接入云计算服务器参加实验。

四是计算效率高、运营成本低。云计算服务器能够提供超级计算机的运算能力，但只需要很低的成本价格，特别是跟各军兵种分别各起炉灶建设各自的作战实验室系统的成本比起来，基于云计算的作战实验室系统的成本要低得多。

云计算提供的超级运算能力和巨大的存储容量，使开展“全维实验”成为可能，即能够将所有的实验设想都进行检验；还能够保证系列作战实验的完整、连续性，能够及时存储整个实验的所有过程和细节，供后续检查和分析研究之用。

5.4.3　高性能计算

随着软硬件技术条件的发展，计算技术将向高速、易用、可信化、智能化方向发展，高性能计算机系统的峰值性能和效能不断提升。高性能计算可为包括军事系统在内的复杂系统建模与仿真提供超级计算能力，使高性能计算支撑的仿真逐渐获得与真实实验同等的重要地位，成为人类认识和改造世界的全新技术手段。高性能计算及应用已发展成为一门综合性多学科科学——计算科学。简单地说，计算科学是应用高性能计算能力解决实际生活中遇到的问题。与理论和实验一起，计算科学正成为科学探究的“第三支柱”。

严格地说，计算科学是一个快速发展的多学科领域，该领域使用先进的计算能力来认识和解决复杂的问题。计算科学融合了三种不同的元素：①算法及建模与仿真软件。用于解决科学（如生物学、物理学和社会科学）、工程和人文科学的问题。②计算机和信息科学。开发和优化先进的系统硬件、软件、网络和数据管理系统，用于解决各种计算问题。③计算设施。支持在科学和工程中的各种计算问题，并支持计算机和科学的发展。如图 5-13 所示为天河二号超级计算机。

图 5-13　天河二号超级计算机

5.4.4　嵌入式计算

嵌入式系统是以应用为中心、以计算机技术为基础，软/硬件可裁剪，普适于应用系统对功能、可靠性、成本、体积、功耗具有严格要求的一类专用计算机系统。应用于嵌入式系统的计算技术一般称为嵌入式计算。

传统的嵌入式系统设计是以低功耗为首要目标，但是随着计算密集型的嵌入式应用不断扩宽，最近嵌入式系统已经转向高性能嵌入式计算（High-Performance Embedded Computing，HPEC）。图 5-14 为嵌入式计算机电路板。目前高性能嵌入式计算被广泛应用于通信、医疗、航空航天、数字多媒体、智能交通控制、情报侦察等领域。随着应用要求的扩大和提升，高性能嵌入式计算系统也在逐步完善。较高的计算能力是高性能嵌入式计算的特点之一，不断演进的通信标准和压缩算法使得处理器的性能和功耗需求越来越高。较高的数据级和任务级并行性是高性能嵌入式计算的另一大特点，在军事领域中，经常需要多个数据块同时执行算法流程，从而提高处理速度。除了以上两个特点，高实时性与低功耗也是高性能嵌入式计算所具备的特点。对于很多应用来说，如果实时性不能满足，那么系统便不能投入使用，如工业设备的实时监测、实况转播、视频电话会议等。便携性的电子设计趋势，使得设备体积减小，但性能却要不断提升，所以对于高性能嵌入式计算系统低功耗、低散热的要求也在提高。

图 5-14　嵌入式计算机电路板

面对日益复杂的嵌入式应用，片上多核处理器（CMP）成为高性能嵌入式计算的一种有效解决办法。虽然超级计算机和高性能嵌入式计算一样，也是利用了 CMP 来实现其高性能计算能力，但在应用方面，两者的区别主要表现在三个方面：①超级计算机的应用主要是数据集中的并行计算，每次计算对所有的处理单元分配相应数据子集的独立计算任务。而嵌入式应用主要是由多种任务组成的，每个任务在单个或几个处理器上执行，并且这些任务往往具有时效性限制。②超级计算机的应用主要集中在充分利用众多处理器上的核数，而高性能嵌入式的应用可扩展的处理器核数却小得多。③超级计算机应用的首要优化目标是提供计算性能，对于高性能嵌入式计算来说，性能和能耗优化是同等重要的。此外，可靠性和容错计算在嵌入式应用中也尤为重要。

5.4.5　大数据分析

大数据是用来描述大型或复杂数据集存储和分析的一个术语，使用了一系列的技术，包括但不局限于 NoSQL、MapReduce、机器学习和计算智能（人工智能），用来创造可观的经济价值，提高工作效率，辅助决策，进行风险管理和客户服务。大数据不仅仅表示大规模的数据量，更包含可用的工具集，以及从海量数据中得出的结论（知识）。大数据不仅仅是资源，也是产业，更是未来的重要学科。在这个领域中有很多未知的科学问题，也有未知的需要实践的技术和系统问题，需要国家政策和人才队伍的有效支持。

大数据分析是将描述性的、诊断性的、预测性的和规定性的模型用于数据，来回答特定的问题或发表新的见解的过程。分析技术的范围从告诉决策者最近发生了什么事，到展望未来，预测什么事情将要发生，以及相应的行动路线建议等。

大数据分析的第一步是数据的“抽取—转换—加载”（the Extract-Transform-Load，ETL），这就是所谓的数据处理三部曲。首先将来源不同、类型不同的数据（如关系数据、平面数据文件等）抽取出来，然后进行清洁、转换、集成，最后加载到数据仓库或数据集市中，成为联机分析处理、数据挖掘的基础。它们常常是同步进行的。数据的质量可能差异很大，比如缺少邮政编码的地址、拼写错误的地址、不同来源数据格式不匹配等。这些都需要在数据清洁过程中解决。清洁主要是数据工程师借助半自动化的工具对数据进行人工处理。由于数据量和数据种类大量增加，数据工程师往往需要花大量的时间来做清洁，然后才能储存和分析。有的数据清洁耗费的时间占整个分析时间的80%。根据垃圾进、出的原则，清洁数据是大数据情报流程中非常关键的步骤。该过程完成之后，不同来源的数据已成为一个整体，数据的表达是单一的、统一的。大致流程如图 5-15 所示。

目前，普遍认为大数据具有4V 特征：大量化（Volume）、多样性（Variety）、快速化（Velocity）、价值密度低（Value）。大量化（Volume）是指数据的数量巨大。这些年来，日新月异的信息存储技术使得存储大量数据的成本越来越低，特别是分布式存储技术的日益成熟，逐渐使得存储 PB、EB 甚至 ZB 级别的数据成为可能。随着大数据存储技术的发展，数据量的规模已不再是一个挑战与难题。多样性（Variety）是指数据的种类繁多。人们只需要连上互联网，就可以随时随地查看并获取想要的数据，但与此同时也面临了一系列的挑战。互联网上的数据虽多，但大部分数据的呈现形式为非结构化或半结构化。如何将不同的数据结构归结到统一的结构中是一个重要的问题。快速化（Velocity）是指大数据时代，数据越来越实时化，数据的产生与处理速度逐渐能够满足人们的需求。例如，微博能通过最近人们所发布的博文快速地反馈出微博热点，外出就餐软件能快速地查询到附近评价较好的餐厅，网上购物软件能迅速地反馈货物信息等，这些无疑都是人们与机器进行互动的过程。价值密度低（Value）是大数据中最为关键的一点，虽然真实世界中的数据量极大，但真正有价值的内容却较少。以监控视频为例，虽然监控视频的内容数据量极大，但实际有价值的部分可能不过几分钟。如何利用云计算等技术从大量的数据中提取出最为关键、最有价值的部分，并将信息转换成知识无疑是值得研究的内容。

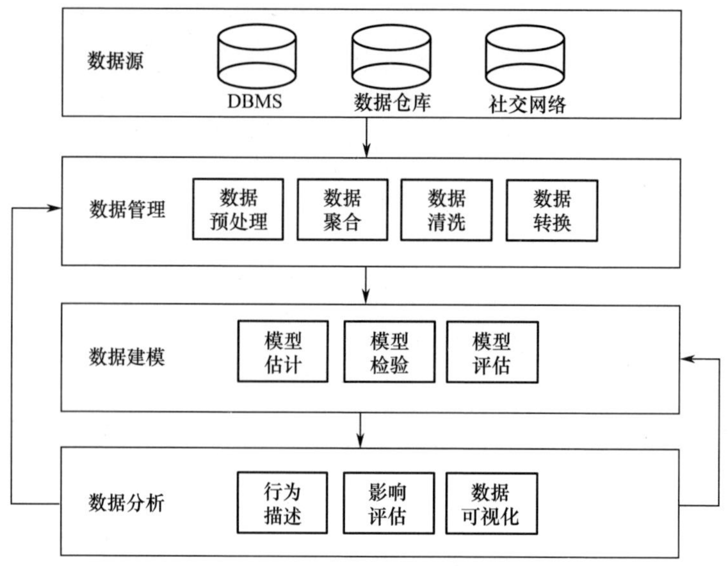

图 5-15　大数据分析的处理流程

第 6 章

陆军作战实验的实施过程

第 2 章简单介绍了陆军作战实验的一般流程，本章主要针对组织实施中实验设计、实验准备、实验实施和实验结果等关键阶段进行重点介绍，尤其是实验设计中的想定设计和实施中数据的采集，是整个作战实验的两个重点内容，我们应高度重视。

6.1 主要作战实验阶段

陆军作战实验通常分为战略、战役和战术三级，尽管各级实验目的、类型、规模以及实验组织实施方法可能不尽相同，但基本遵循实验设计、实验准备、实验实施、实验结果分析四个阶段，如图 6-1 所示。

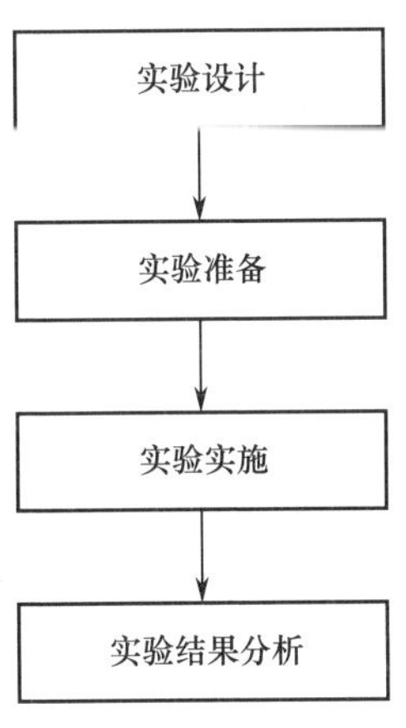

图 6-1　作战实验阶段

6.1.1 实验设计

陆军作战实验的有效开展离不开科学、周密、周到、细致的作战实验设计。实验设计（Design of Experiment，DoE）是指在正式进行实验之前，根据实验目的和要求，遵循相关的数学原理，对实验的有关影响因素、研究方法和实验步骤做出全面、科学的设计和安排，以追求最好的实验效果。实验设计在整个陆军作战实验过程中地位极其重要。如果实验设计科学合理，则可节省人力、物力和财力，在预期的时间里获得丰富而可靠的数据、信息等，取得较好的实验效果。反之，不仅费时费力，难以达成预期目的，有的甚至会得出错误的实验结论。随着作战实验的深入发展，对实验设计的要求越来越高。实验设计要做的工作很多，但总的说来，就是一个“想要什么”到“要做什么”的过程。陆军作战实验设计通常应包括以下几方面：

一是实验问题设计。主要工作是确定实验目标和实验问题，选择实验指标，确定实验因素，构设因果关系。确定实验目标就是明确作战实验所要研究或验证的作战问题。此过程通常由军事和技术人员共同协作完成，通常由军事人员提出研究论证的作战问题及相关背景，再由技术人员分析判断作战实验是否可行，并宏观地规划实验方法和技术路线。确定实验目标与软件工程中需求分析论证过程较为相似。确定实验问题包括研究问题背景、约束条件及研究目的等。选择实验指标就是构建陆军作战仿真实验指标体系并合理选择实验问题评估指标。选择实验指标时需要注意：一是应按照从上到下的层次逐级进行；二是应注意实验指标与实验问题相统一；三是实验指标应符合现实情况，容易被军事人员接受；四是实验指标可观察和测量，可从结果数据中获取；五是应尽量避免使用定性、主观、人为打分或赋值的指标。确定实验因素依据实验问题与实验指标，分析并确定实验关键因素。构设因果关系就是构设实验因素和指标间的因果关系，以便于实验结束后进行分析。

二是想定设计。主要包括确定想定背景、拟制军事想定、拟制仿真想定三方面内容。确定想定背景包括构设交战双方作战企图、作战兵力部署、陆战场环境等情况。拟制军事想定包括作战计划和作战过程等。拟制仿真想定包括陆战起止时间、兵力部署、任务计划、事件序列和作战规则等。需要注意的是，拟制仿真想定应严格按照军事想定的要求，仿真想定内容和数据粒度应与仿真粒度相一致，作战行动序列可设置，能用作战行动规则细化行动方案等。

三是实验运行设计。主要是实验点设计和实验运行设置。实验点设计是作战实验的重点，设计合理才能确保实验效果，提高实验质量。实验点设计应依据实验因素及水平确定，应符合军事专业领域知识和统计学原理，分布尽可能均匀，能够反映实验的随机特性，符合统计学原理。实验运行设置包括实验运行方式和运行参数设置，其中：实验运行方式一般包括单次仿真、多次样本仿真、参量化多样本仿真；设置实验运行参数，一般包括对实验启动、暂停和停止条件，仿真步长，步长比例，异常处理等参数的设置。

四是实验方案设计。主要包括总体方案设计、环境配置方案、运行控制方案、数据采集方案、数据分析方案。总体方案通常包括实验问题及目的，实验的组织方式，军事想定和仿真想定，实施步骤，实验指标、实验因素和实验点等内容。环境配置方案一般包括硬件环境配置和软件环境配置两方面内容。运行控制方案通常包括实验运行参数设置、实验状态监测监控、实验测试与问题处理等内容。数据采集方案一般包括数据采集的内容、时机、采集方法、采集标准和注意事项等内容。数据分析方案一般包括数据预处理与数据分析的方法和程序，分析标准和要求等内容。作战实验方案设计最主要的是实验指标设计、实验因素设计和实验点设计，因为它们直接决定了实验规模、次数、实验结果分析等过程。通过上述实验筹划设计，最终应形成详尽且能反映实验设计整体工作的作战实验设计报告，将此报告提交给全体作战实验人员，明确任务分工、时间进度、工作协同等事项。实验设计报告应将作战实验的实验内容、实验目的、实验对象、人员分工、理论依据、国内外情况、实验原理、方案设计等诸要素全部描述清楚。

与其他一般性科学实验相比，作战实验在实验设计上存在本质性区别。作战实验的研究对象是复杂的“体系”，甚至包含复杂的体系对抗，充满不确定性，因此，在吸收一般的科学实验设计方法时要进行必要的调整优化和改进，而不能生搬照抄。

目前，根据实验问题的不同，作战实验设计大多采用专家研讨、探索分析、空间分割、析因实验等方法。陆军作战实验应科学合理选择设计方法，有助于简化实验过程，便于对陆战问题进行深入的运筹分析。

6.1.2 实验准备

实验准备是在实验设计的基础上，围绕实验人员、软硬件环境、实验数据、实验测试以及实验保障等内容进行的系列准备活动。

一是实验人员准备，是指成立、健全实验活动的各类组织协调机构，根据实验需要进行任务分配，明确分工协作，把实验人员组织成为一个高效的整体，必要时还应进行相应的实验培训。

二是软硬件环境准备。硬件环境准备一般包括实验场地布设，终端计算机、服务器、投影与音视频设备、网络通信及实验辅助设备的安装调试。软件环境准备主要包括实验运行管控软件和实验支撑软件的安装测试，常用的实验支撑软件有仿真实验系统或模型、数据采集软件、数据分析软件及操作系统软件等。

三是实验数据准备，是指围绕作战实验所需的数据和支撑模型进行的必要准备工作，对于尚不具备的实验模型，提出构建建议或建设方案。陆军作战实验数据准备阶段主要准备军事基础数据、军事想定数据和仿真想定数据等。实验数据准备主要由技术人员完成，应满足实验目的，支持仿真系统或模型的运行，各类数据要素齐全，来源准确、权威、可靠。另外，应根据作战实验需要做好数据的安全保密和容错备份等准备工作。

四是实验测试准备，一般包括实验流程和软硬件环境测试等内容。实验测试应按照实验运行控制方案中的实验测试方法组织实施，合理控制实验测试范围和规模，测试结果应能为实验实施提供参考。

五是实验保障准备。为保证作战实验活动能够顺利实施，必须做好各种服务保障工作，重点是系统保障和技术保障。要组织一定的系统运维力量做好应急保障准备，储备各种设施设备的备品备件，随时准备投入应急维修工作，确保当设备、器材、系统发生故障时能及时恢复。

陆军作战实验各项准备工作完成后，根据实际条件可开展预先实验，即制订预演计划，确定参加预演人员和分工，准备预演文书和资料，准备预演场所等。通过预先实验可以让实验人员熟悉实验内容、运行程序、方法规则，检查软硬件系统、实验数据、场地环境、实验保障及各种设施的运行情况，为能否正常开展实验、如何正式实验提供依据和参考。预先实验根据其具体目的，又可分为导向性、观测性和筛选性预先实验，其中：导向性实验是对实验假设进行预先检验，确定大规模验证实验开展的必要性，就规模而言，是一种小型实验；观测性实验是搜集必要的数据，为修改完善实验规划提供所需资料，也是一种小规模实验；筛选性实验是用大量观察对象进行简单快速的实验，进而确定其中哪一种指标需要进一步实验。

6.1.3 实验实施

经过实验设计和实验准备后，陆军作战实验就可以正常组织实施，也就进入实验实施阶段。实验实施是依照实验方案，在人为可控的实验环境中完成实验活动的过程。在实验实施中，应按照实验方案要求，收集实验产生的过程和结果数据，对实验关键节点的状态进行记录，还应关注实验过程中出现的问题，并进行有效控制、调试。

实验实施主要关注的问题包括：①尽可能排除实验过程中各种偶然性和非主要因素的干扰，避免需要研究和认识的现象或联系受到影响或干扰；②要及早发现并纠正实验计划执行中出现的偏差，边操作、边记录、边调整，通过反复的调整和“纠偏”，删除、简化一些不合理的设置；③及时增补、修改完善、调整优化部分实验设置，确保客观的因果关系最大限度地得到展现，完成实验总目标。

陆军作战实验实施主要包括实验运行、实验监控与修正和数据采集。实验运行应总体依据实验运行控制方案执行；能根据实验进程计划，调度和驱动陆军作战仿真系统或相关模型正常运行。实验监控与修正应能够及时发现实验过程中出现的各种问题；对照问题清单能够准确分析判断原因，并及时修正解决，使问题归零。数据采集应按照实验数据采集方案正确运行；保持实验数据要素的完整性；采集数据应一致、准确、规范，满足时效性要求，能满足数据分析的技术要求。

6.1.4　实验结果分析

陆军作战实验会生成大量的数据和信息，只有对这些数据和信息进行分析挖掘，才能揭示出背后所隐藏的军事含义。否则，实验得出的也仅是一堆无价值的数字而已，因此，从某种意义上说，实验结果分析是整个实验过程中最重要的阶段。

实验结果分析是针对实验结果数据的处理分析，主要过程有统计分析实验数据和综合评估实验结果，具体包括四种分析。第一种是预处理，在实验数据正式分析处理前，由分析人员和保障人员共同实施完成，主要针对数据在完整性、一致性、精确性等方面存在的问题进行清洗、过滤、补缺等处理，为后续的分析处理奠定基础。第二种是统计分析，主要对作战实验结果进行基础性的数理统计分析，又可分为一般统计和高级统计分析。第三种是回溯分析，主要针对作战实验结果和分析人员关注的关键作战问题，通过对实验结果逆向回放，追踪查找产生的原因。第四种是综合分析，坚持定性定量相结合的原则，将专家经验和实验分析结果数据进行综合比较，综合得出实验结论。

对于大型或复杂的陆军作战实验，根据需要还可以增加实验总结过程。实验总结是对完整实验过程的全面梳理总结，主要包括实验结果分析和实验报告撰写两个环节。

针对统计分析后的实验结果，由技术人员辅助，经过军事人员综合分析，得出一些对陆军作战进程和结局等具有检验功能的事实。这些具有检验功能的事实，既可作为实验成果应用于实验结论，也可用来指导未来实验方案的改进。综合评估实验结果的有效方法是定性与定量相结合的综合集成法。

实验报告撰写是将作战实验的完整过程或最终结论以报告的形式表达，也是将作战实验最终成果进行输出的过程。

6.2　作战实验设计

陆军作战实验的首要关键环节是实验设计。实验设计是在实验正式启动前，依据实验目的，统筹考虑和细化分解实验内容，对实验时间、参加人员、实验规模、方法步骤以及相关保障措施进行预先计划和安排的活动。实验设计的质量直接决定和影响实验效果，甚至会由于设计缺陷而导致错误的实验结果，因此，可以预见随着作战实验的发展，实验设计将越来越受到重视。

6.2.1 实验设计原则

1935 年，英国统计学家费希尔在其著作《实验设计法》中，首次提出实验设计的三原则：随机化、局部控制和重复。在此基础上，近现代实验理论把局部控制原则分解为对照原则和区组原则，形成实验设计的四个原则。陆军作战实验尽管具有体系对抗的复杂性，但也具有一般科学实验的属性，并且已经作为科学实验的重要组成部分，因此也适用这四个原则。

（1）随机化原则。作战实验设计随机化原则，是指实验对象分配和实验点安排应随机确定，而不应受到人为或有意识的干预。随机化原则能够确保实验设计按照统计方法探寻数据规律，进而发现数据背后深层次的军事含义。另外，随机化原则也能有效降低实验系统误差。作战实验设计应遵循随机化原则，根本原因在于实验对象本身存在差异，需要通过随机来减少这种差异的影响。

（2）对照性原则。事物间的差异和相似性是比较对照的客观基础，能够引导人类认识新事物和现象。比较和对照作为一种有效认识世界的方法，人们能够用此对客观事物进行定性鉴别和定量分析，而且可以揭示隐藏其中的特征和规律。对照原则较多地用在评估实验中，只有高度的可比性，才能对实验观察的项目做出科学结论。在作战实验设计中，可以选择多种对照方法，主要包括：①标准对照，即根据有关标准进行的对照。②预实验对照，即在正式实验前，先针对不包含新作战系统或新作战能力的作战体系，开展预实验得到预实验结果，在此基础上启动正式实验，对包含新作战系统或作战能力的作战体系进行正式实验，得到正式实验结果，通过对照正式实验结果和预实验结果，分析比较得出综合结论。③多替代方案对照，即多个替代方案产生的实验结果之间相互比较，得出实验结论。实验设计中，对照组的设置应当力求与实验组产生具有高度可比性的结果。

（3）重复性原则。按照随机性原则设计作战实验，尽管能在一定程度上消除系统误差，但由此会产生随机性误差，只能通过重复试验来消除。重复是指对同一个实验点进行多次实验，实验次数越多，越能反映出偶然中隐藏的必然规律。作战实验中的重复性主要分为两类：一类是独立重复，即对同一个实验点在不同的实验条件下进行多次实验，其目的是降低并正确估计随机误差。另一类是样本重复，即在仿真实验中，当采用随机模型时，样本重复实验是必需的，其目的是排除随机模型自身所包含的随机因素引起的随机误差，但当使用确定性模型时，样本重复实验就不是必需的。

（4）区组原则。区组因素不作为实验考察因素，却是影响实验指标的因素。在实验中，为有效控制非处理因素对实验结果的影响，提高实验的精度，通常要把非处理因素作为区组因素引入到实验设计中，和处理因素一起考察。例如在作战方案评估实验中，我方拟制的作战方案是待考察的处理因素，敌方的作战方案是实验条件，对实验结果有较大影响，可以作为区组因素纳入实验中，在实验设计中作为实验因素一起考察。

6.2.2 实验设计方法

作战实验设计方法与一般科学实验设计有一定的区别，究其原因在于作战实验的研究对象是战争体系，具有复杂的对抗性。相应地，实验中的输入参数和结构均存在一定的不确定性，一般的实验设计方法和仿真优化方法不能直接被运用，必须对这些方法作一定的调整和改进。

经典实验设计主要有单因素和多因素实验设计。单因素实验设计只包含一个因素，该因素至少有两个水平，常用的单因素实验设计方法有均分法、对分法、黄金分割法等。而多因素实验设计包含两个或多个因素，且每个因素有两个或多个水平，常用的多因素实验设计方法有拉丁方设计、析因设计、正交设计等。其中，拉丁方设计（CLatin Square Design）是析因设计和正交设计的基础；析因设计（Factorial Design）又称因子设计，是欧美国家普遍使用的实验设计方法，主要用于多个因素间的主效应和交互效应分析；正交设计是部分析因设计方法，应用也较为广泛。

根据陆军作战实验问题的不同，目前大多采用专家研讨、空间分割、探索性分析、析因等实验设计方法，合理设计实验步骤，从而为实验结果数据获取和分析奠定基础。通常，好的实验设计方法还能有效简化实验过程，便于实验结果数据的获取，有利于对实验问题进行运筹分析。

陆军作战中，通常会有诸多因素影响作战效果，且这些因素相互影响、关联交织、错综复杂。因此，陆军作战实验设计时，需要选择其中的关键因素，以利于研究。选择的方法通常有三种：①最直接的方法就是通过军事专家研讨，借助他们的经验直接取舍；②通过筛选实验，从诸多因素中逐层次逐要素分析比较，最终确定关键因素；③当多个实验因素关系明确时，可直接用解析方法进行探索性分析并选择实验因素。

6.2.3 实验设计的要求

陆军作战实验设计的总体要求有：①节省集约高效，在尽量节省人力、财物和时间成本下，实验次数尽可能少，而所包含的有用信息要尽量多；②能够严格地控制实验误差，提高实验结果的可靠性；③便于对实验结果（即指标值）统计分析。为实现以上三个总体要求，需要做好以下工作。

（一）聚焦因果关系分析

陆军作战实验是研究陆上作战问题的科学实验活动，其中因果关系是作战实验的固有关系，也是开展作战实验的前提，具体包括实验假设、实验结果、实验假设和实验结果之间的因果关系。

一是能够设计因果假设。实验设计首先要关心因果关系，特别是要建立起假定条件。例如陆航部队空中突防实验设计中，实验人员假设改变空中突防路径会影响拦截率，这是实验的假设条件，实验的目的是研究突防路径选择对陆航部队被拦截效果的影响以及影响程度。

二是能够建立因果联系。因果联系是建立实验假设的核心，陆军作战问题（陆战新装备运用、陆战新战法理论等）都可以理解为因果关系问题，例如“是不是作战能力（A）引起了作战效果（B）的变化”。

三是能够研究因果关系。对作战实验问题的研究实际上就是对因果关系的研究，也就是说，要研究确定实验假设与实验结果之间是否存在因果关系，寻求和获取原因和结果之间联系的证据。

四是能够验证因果关系。验证因果关系就是看能否找到替代原因的解释结果，若能找到则表明造成实验结果的原因不唯一。

（二）理清实验内在逻辑

理清陆军作战实验的内在逻辑，可简单概括为“一个假设”、“两类需求”和“四种能力”。

“一个假设”是指需要正确理解实验假设。实验假设通常是为开展实验而进行的“合理的猜测”。由于在作战实验前难以准确预测实验结果，因此假设也可能出错。但是，如果实验结果表明，在证据明确合理的情况下，无法达到实验假设，实验仍然是成功的。正确理解实验假设需关注三个问题：①所提出的方案是否充分体现了假设；②实验是否产生了预期的实验结果；③实验的假设和结果之间是否确实存在因果关系。

“两类需求”是指内部需求和外部需求。其中，前者是指判断两个变量之间是否存在因果关系；后者是指把实验环境中发现的因果关系推广到实际作战环境中。

“四种能力”主要是指：①实验因素可控，能够被检验；②可观察，改变实验因素，能发现实验输出的变化；③可分析，即能根据变化分析查找出变化的原因；④可联系，即能够建立实验结果与实际作战之间的联系，深化作战问题研究。

（三）重视实验可操作性

着眼陆军作战实验的有效开展，针对作战实验人员，应高度重视可操作性原则。

一是对实验人员的不确定性应充分认识。作战实验的主体是各位实验人员，和实验中其他因素一样，也是引发不确定性的重要原因，而且实验人员带来的不确定性通常更容易被实验设计者忽略。当面对实验问题时，每位实验人员的反应不尽相同，从而在实验中引入不确定性因素。此外，由于实验人员的认知能力、经验水平、身体状况等都可能对实验结果产生影响，因此，在实验设计时，必须充分认识和考虑人的不确定性影响。如有可能，应尽量对实验人员的这种不确定性影响进行度量，并用于实验结果分析。

二是对模拟仿真应持科学态度。首先，应高度重视模拟仿真的应用，利用模拟仿真手段不仅可以加深对实验研究问题的认识，还能有效减少问题的复杂性，就其经济价值来说，可以更高效、更节省。当前，建模仿真技术应用已非常广泛，据不完全统计，约80%的实验活动都不同程度地使用建模仿真技术。因此，如果建模仿真能够解决实验所面临的问题，即使存在非常明显的缺陷也是可接受的。其次，应客观、公正、全面地看待模拟仿真的缺陷或不足，没有完美的模型。尽管计算机技术高速发展，许多新技术新手段可以使模拟达到非常逼真的程度，但绝不是模拟越逼真越好、越精确越好。最后，选择模拟仿真应建立在其有用性基础上。《兰切斯特的遗产》中写道："长期以来，作战分析人员在处理复杂情况时，对于那些与现实世界很相似、可以对研究的问题反复模拟并保持问题性质的模型而言，他们的第一选择始终是能够提供有用结论的简化模型。"作战模拟的主要目的是通过对模拟对象的简化，在满足问题研究需求的前提下，尽量使其复杂性条理化，因此考虑建模与仿真的关键在于适当。

三是强化控制机制设计。作战实验控制是一项重要且基础性的管理活动。作战实验从本质上就是一种受控活动，哪些环节需要控制，受控程度如何需要视具体实验而定。可以说，实验控制贯穿于实验设计、实验规划、实验实施和实验分析的全过程，是因果分析的关键，因此，最好在实验设计之初就强化实验控制，增加实验结果解释的可信度。总之，在实验的不同阶段，通过不同的控制方法，可以确保实验有序有效进行。

6.2.4 实验设计内容

实验设计按照阶段划分，又可分为实验规划和详细设计两个阶段，其中：实验规划是设计的初始阶段，较为宏观概略，包括实验问题的提出、建立相关假设、问题量化、变量选择、收集分析实验结果等内容；而详细设计是在实验规划基础上，对具体问题开展详细的计划和安排，主要是针对实验变量的不确定性，运用概率论、统计学等原理，计划安排实验方案并分析实验结果。

良好的实验设计应尽量满足实验问题的要求，同时又能最大限度地简化实验复杂度，降低实验的风险性。实验设计通常包括实验指标、实验因素以及实验因素取值点的选择与设计。

（一）实验指标选择

实验指标是根据实验目的，用来衡量或评估实验结果的一组属性值。作战实验指标选择是一个重要的过程，应根据实验目的，选择最能反映实验问题本质的属性。选择作战实验指标通常应遵循以下原则和要求：

一是客观性。客观性是指实验指标是客观存在的，可被实验人员借助仪器测量、感知和记录，而不能凭借人的主观性随意编造。

二是合理性。合理性是指实验指标应和研究目的紧密联系，能确切地反映被考察因素的效应。

三是灵敏性。灵敏性是指实验指标应当便于观察和度量，否则就难以反映出实验实际达到的效果。

四是可转换性。可转换性是指实验指标本身不能直接得出规律，但经过数学上的变换便可看出隐藏之规律。

另外，对于复杂的作战实验，通常需要选择分属不同层级的诸多指标，这些指标构成一个有机完整的体系，通常称为指标体系，指标体系中的实验指标具有层次性和系统性。

作战实验指标的选择是军事理论与实验技术高度融合的过程，既是技术问题，同时也要把握选择的艺术性。实验设计者不仅要熟悉数理统计和作战实验知识，还要掌握军事专业理论，能够根据前沿军事理论建立符合实际的理论假说，为作战实验指标的选择创造前提条件。

（二）实验因素选择

当实验指标确定后，实验设计还需要选择对实验指标有关键影响的因素，这些因素称为实验因素，也称为因子或自变量。

实验因素选择要满足三个要求。一是主导性，即实验因素应是对实验指标有关键性影响作用，居于主导地位的因素，而不是次要或偶然性因素。二是独立性，即各因素之间应相互独立，尽量避免由于因素间相互作用而对实验结果产生干扰性影响。三是敏感性，即实验因素对实验指标的变化应当是敏感的。

（三）实验点的选择

实验点，即实验因素的取值点。实验点的数量规模称为该实验因素的

“水平”或“位级”。作战实验的实验过程主要以模型和仿真系统对实验点进行运算或仿真。

随着信息化条件下局部战争的发展，作战问题的复杂度也相应地呈指数级的提高。作战实验使用模型规模越来越大，相关的参数和支撑数据也越发庞大。大量模型和海量信息造成作战实验日趋复杂，如果单纯依靠实验人员随机输入测试数据进行实验，难以满足作战实验的要求。这就需要使用科学的设计方法，正确选择和设计模型输入参数，降低运算复杂度并提高作战实验效率，使作战实验结果更能反映作战问题的本质规律。

（四）实验点选择要求和方法

陆军作战实验点的选择应注意以下两点要求：

一是位置恰当。实验点的选择要具有典型性、代表性，尽可能将最佳效应点包括在内。如果实验点位置选取得不好，即使实验数据再多、再精确，也无法达到预期的目的。相反，选择适当的实验点位置，即使实验数据稍微粗糙一些、少一些，也能达到目的。所以，实验点的位置与实验点的数目、实验数据的精确性相比较更为重要。

二是数量适当。实验点选得过多会增加实验的工作量，过少又可能无法达到实验的精度要求。为了能选取合适数量的实验点，需要将军事专业领域知识与统计学方法相结合。统计学不仅能对实验结果进行解释，而且也能用于实验设计。如果在实验设计中不考虑统计学原理，那么实验结果就可能没有进行统计学处理的价值。

为了高效、科学地进行作战实验实践，更好更快地达到作战实验目的和要求，必须使用科学的方法进行实验点的选择和设计。陆军作战实验常用的实验点选择方法有单因素轮换法、全面实验法、正交实验法、均匀设计法、单纯形法以及神经网络、回归正交实验等方法。

6.3 作战实验想定拟制

作战实验想定的拟制是实验设计的重要内容和过程，本节讲述想定的基本要素和想定设计的主要内容，并以一个具体的案例进行展示。

6.3.1 作战实验想定概述

想定是对作战双方作战企图、作战态势以及作战发展情况的设想和假定。想定是实验论证的基础，想定的内容是否合理、思想是否先进、体系是否完整，直接影响着作战实验论证结果数据的可靠性和可信性，是决定实验论证成败的关键。

作战实验想定通常由军事专家在设定的作战背景下，依据特定军事思想、战略战术原则以及战争的演变规律以专门的军事语言制定，规定了实验所研究作战问题的范围、约束条件以及与实验对象相关的数据、变量、活动和交互关系等信息，为相关专业人员理解和解释实验结果奠定基础，具有军事性、专业性、现实性、复杂性等特点。

作战实验想定，不仅包含军事想定中对作战活动设想的内容，而且还包含对模拟实验系统中各类数据的设定与组织。其主要包括对模拟实验系统中各种作战单元、作战平台的属性和相互关系的设定与组织，不仅包括位置、活动区域以及要完成的使命等信息的基本设定，还包括为实现模拟实验系统的任务而设置的相关约束条件和重要事件发生的时间序列。作战实验想定相对于军事想定而言，侧重于虚拟战场作战环境中所需要的各类数据的解析与设计，其内容比军事想定更具体。在作战实验领域，作战实验想定一般又可区分为作战构想、军事想定和仿真想定。

作战实验想定的主要作用是为分析和研究实验问题提供约束和前提条件，具体体现在：①作战实验想定为整个实验规划了作战过程和作战实体行动的时空范围和边界，如时间跨度、作战地域、主要过程和相关资源等。②作战实验想定为实验操作人员提供了针对实验任务的作业条件和环境。③作战实验想定为实验管理人员监控实验实施过程提供了基本手段。④作战实验想定为作战实验结果的分析评估提供了基本依据。作战实验设计涉及军事人员、作战实验技术人员和支撑实验运行的计算机系统，需要实现三者之间对作战概念和军事理论的清晰、一致的表达和交流，这种相互交流需要一个信息转换接口，而作战实验想定正好可以提供这种接口作用。

军事人员头脑中真实的作战过程，可通过作战实验想定转化成相应的实验模拟。首先，借助作战实验技术框架和描述规范，能使军事人员以较小的成本，在技术框架的指导下规范地描述真实世界的作战活动。其次，其输出的形式化描述成果，又使作战实验技术人员不必深入学习军事理论，就可以直接开发实验支持系统。因此，作战实验想定在认知域层次上实现了从军事人员视角的客观世界到作战实验技术人员视角的主观认知世界的融合、转变，以及到计算机虚拟世界的有效过渡。

6.3.2 作战实验想定的基本要素

作战实验想定的内容与作战实验目的紧密相关，通常应包含与作战进程相关的各类信息，概括起来，陆军作战实验想定共包含六类要素。

（一）作战任务

作战任务是指在一定战场环境和条件下，作战实体为达成预定作战目的，而协同执行的一系列相互关联的作战行动的有序集合。作战任务反映了作战实体间合作，作战实体与战场环境实体之间的交互关系。

作战任务 T 用以下八元组形式化表示为

$$T = < \{E\},\{O\},\{A\},\mathrm{Env},a,\mathrm{TYpe},\mathrm{Conds},\mathrm{Effs} >$$

式中：$\{E\}$ 表示遂行该作战任务的全部作战实体集合；$\{O\}$ 表示作战任务要达成的目标集合；$\{A\}$ 表示作战行动集合；Env 表示作战任务所处的作战环境；a 表示作战行动的具体行动；Type 表示作战任务类型；Conds 表示各作战任务间相互影响和约束关系；Effs 表示完成作战任务后产生的预期效应。

（二）战场环境

战场环境主要是指对作战地区的地形、地貌、重要军事目标、气象水文、电磁和社会人文特征的客观描述。这是一个复杂、动态的信息空间。战场环境一般包含地理环境、大气及气象环境、电磁环境、目标环境和社会环境，这些要素内部又包含若干子要素，每个子要素又具有各自不同的属性。其可形式化表述为

$$\mathrm{Env} = < \mathrm{Geo},\mathrm{Wea},\mathrm{Ele},\mathrm{Obj},\mathrm{Soc} >$$

式中：Geo 表示作战地区的地理环境，如地形、地貌、水文特征、交通状况等；Wea 表示战场的气象环境，如温度、湿度、风力等；Ele 表示电磁环境，如各种用频设备及辐射源等；Obj 表示作战目标环境，一般分为静态目标（如指挥中心、桥梁、港口等）和动态目标（如坦克、飞机、舰艇等）；Soc 表示人文社会环境，如当地的政治背景、民情社情、民族宗教等情况。

（三）作战编成

作战编成是指为达成一定的作战目的，将遂行作战任务的若干实体或实体编组，按任务需要临时构成的、能够独立完成当前复杂作战任务的作战主体。编成力量通常包括建制和配置的，它明确了编成内兵力、兵器的指挥关系。作战编成可形式化表述为

$$\mathrm{Dep} = < \{E\},\mathrm{Res},\mathrm{Com},\mathrm{Rel} >$$

式中：$\{E\}$ 表示编成内的各作战实体集；Res 表示编成内所各类可用资源；Com 表示编成内的指挥控制关系；Rel 表示编成内实体之间、实体与资源之间以及各级指挥控制之间的交互关系。

（四）作战行动

作战行动是指作战实体为达成作战目的所采取的互相关联、具有层次结构的动作及其相互关系。它是达成作战目的的基本手段，可形式化表述为

$$\mathrm{Act} = < \{E\},\mathrm{Pro},\mathrm{Res},\mathrm{Result} >$$

式中：$\{E\}$ 表示执行作战行动的实体集；Pro 表示行动过程序列，其基本属性

包括行动名称、开始和结束时间、行动序列中的信息路由以及行动序列的执行关系等；Res 表示行动执行时所需的各类资源；Result 表示行动的执行结果。

（五）作战交互

作战交互是指战斗进程中作战实体之间或作战实体与战场环境之间相互作用、相互影响的动态行为，也就是某一实验因素的改变所引起其他因素的属性或状态发生改变的行为，一般包括对抗交互、协同交互、信息交互、保障交互等内容。其可形式化表述为

$$\text{InterCom} = < \text{Attacks}, \text{Coos}, \text{Comms}, \text{Servs} >$$

式中：Attack 表示对抗交互；Coos 表示协同交互；Comms 表示信息交互；Servs 表示保障交互。

（六）作战实验规则

为对整个作战实验过程进行有效控制和管理，确保作战实验顺利实施，需要制定一系列协议或约定，称为作战实验规则。

作战实验规则一般包括实体规则、通信规则、文书协议、时间规则、裁决规则等。其中，实体规则是指作战实验中各实验对象必须遵守的规则；通信规则是实验组织内部、不同实验对象之间、操作人员与控制人员之间信息交互时遵循的规定；文书协议是实验操作人员和控制人员之间进行信息交互时所采用的标准的文书格式，目的是消除双方交流时可能产生的信息歧义；时间规则是对实验决策、控制以及活动时间段的规定；裁决规则是指实验活动结束后实验管理人员对实验结果的分析、评判标准。

6.3.3 作战实验想定设计的主要内容

作战实验想定设计是运用系统工程标准、规范和思维从想定概念建模开始，一直到想定的最终生成和运用的开发过程，一般包括以下基本内容。

（一）作战实验想定概念模型

针对真实作战活动建立概念模型，是对作战实验行为空间进行的第一次抽象，是进行作战实验研究的重要步骤。

概念模型主要用于将作战实验所需要的要素和现象从真实世界中抽取出来，通过建立不同专业人员对同一研究问题的共识，使军事人员和实验系统开发人员可以在其基础上进行交互。

作战实验想定与作战活动的概念模型互相依赖。从内容上看，作战实验想定在表述上是概念模型的扩展，概念模型是作战实验想定的一种抽象。基于概念模型，作战实验想定描述的内容应当包括开发过程中所需要的静态组织结构和动态行为信息。

（二）作战实验想定格式化描述

作战实验想定格式化描述是指军事人员采用标准化的图、文、表等工具对作战中的任务、实体、行为和协同等要素进行规范化表述，它只与真实世界战斗活动信息有关。这是一个从军事问题的语义表达转化为作战实验所需的概念表达的知识表述与转换过程。

由于作战实体在军事概念的描述中扮演关键角色，因此对作战实验想定的描述，可以从作战实体入手，通过分析作战问题，抽取作战实体，确定实体属性、分辨率和交互行为，封装其属性和行动等步骤对作战计划、作战方案所要表达的内容进行条理化分析，并最终实现将现实世界作战活动描述成实验技术人员易用、有效、完备的信息。

（三）作战实验想定形式化描述

军事人员对作战实验想定格式化描述基础上，由实验技术人员深刻理解并转化为形式化描述，以实现作战活动概念模型信息的规范化表示。这一过程是对作战活动的第二次抽象，也是实验系统开发过程的开始。此过程将作战活动的格式化描述转化为系统开发模型，可称为逻辑建模过程。其主要采用面向对象建模思想，按照标准化的对象模型对战斗活动空间相关要素的属性、参数和行为等进行形式化描述。目前，IDEFO，UML，Petri 网是 3 种应用广泛、功能较强的形式化描述语言。

（四）作战实验想定的模型映射

通过 UML 模型视图所表示的作战实验想定模型，明确地给出了作战实验想定的结构框架以及各类成员之间的相互关系。但是，UML 模型视图不能够直接被计算机系统有效识别，这就需要我们进一步将其映射成计算机系统能够识别的数据模型，这一过程可以称为对作战活动表述的第三次抽象。可扩展标记语言（Extensible Markup Language，XML）的出现为我们解决模型映射问题提供了切实可行的方法。XML 是一种简单的、面向对象的数据存储语言，它的结构易于建立并很好地体现了面向对象的思想。这样可使我们方便地将 UML 中所表示的类、继承、多态等状态映射到以 XML 表示的数据关系当中。

（五）作战实验想定的管理和应用

以 XML 格式存储的作战实验想定本身就是一种关系型数据结构，具有较强的数据存储和分析能力。

作战实验想定的编辑环境与想定数据的存储格式密切相关。以 XML 存储的数字化形式的作战实验想定，为用户进行下一步研究提供了标准实例，同时方便用户对其进行所需的编辑、查询与重构等工作。为了方便实际应用，需要建立相应的作战实验想定基本框架描述模式。同时，还应该能够对所需数据进行有效的析取，实现作战实验想定模型的查询和分析。

6.4 作战实验准备过程

由于战争是一种特殊的高强度对抗的社会实践活动，有其特殊组织形式和实施方法，如激烈的对抗性、大量的偶然性、广泛的联系性、巨大的风险性，因此，其作战实验也具有组织实施复杂、难度大等特点，甚至无法通过一次实验就能得出满意的结论。为有效开展陆军作战实验，确保达成实验目的，需要精心筹划，严密组织，实验前要重点做好人员组织、软硬件环境、实验数据以及实验测试、实验保障等各项准备活动。

6.4.1 实验人员准备

陆军作战实验的成功组织实施，离不开实验人员的高效分工协作。通常，陆军作战实验对参加人员提出的基本要求包括：①实验人员能够运用新的待检验能力；②实验人员能够发现新能力带来作战效果的改变；③实验人员能够找出效果改变的原因；④实验人员能够把实验结果应用于实战。但严格地说，同时满足这 4 项要求几乎不可能，往往是能够满足其中的某一项要求，就有可能影响到其他的 3 项要求。

为了提高实验人员的实验水平和能力，掌握必要的实验技巧非常重要，如对实验人员进行事先培训、使用经过校准的客观数据收集方法、确保想定环境真实等。只有理解了实验有效性需求，实验人员才能将注意力放在所研究问题的主要方面，才能在设计的各项实验措施之间进行合理地取舍，从而保证从实验当中得到尽可能多的知识，回答实验所面临的问题。

6.4.2 系统准备

陆军作战实验通常需要准备作战仿真实验系统，下面以一个实验案例，介绍可能需要准备的实验系统和实验支持系统。

（1）作战标绘系统。作战实验过程中，为实时掌握战场态势，更好地筹划作战，需要准备作战标绘系统。如“XX 地理信息与 XX 标绘系统”，是以电子地图为背景的军队标号标绘系统。该系统包括 1∶400 万、1∶100 万、1∶50 万、1∶25 万、1∶5 万、1∶2.5 万多种比例尺的数字地图，数字地图支持连续缩放和漫游，并具备地名查询和定位、地图图层显示控制、坐标信息显示等功能。作战实验前，应确保地图数据齐全，系统运行正常。

（2）联合火力打击支持论证系统。“联合火力打击支持论证系统”是联合作战中联合火力突击的辅助决策支持系统，可为联合火力打击计划的拟定、方案的优化以及效果的评判提供有效的决策支持。实验中，主要用来研究与论证综合火力突击的相关问题和战法，并对综合火力打击方案进行评估和模拟检验。

（3）联合防空仿真系统。“联合防空仿真系统”主要由仿真创建模块、仿真运行模块和仿真后分析处理模块组成，是一个描述地面防空兵防空体系的“多对多”仿真平台。实验中，该系统主要用来仿真防空攻防体系对抗，给用户提供一个逼真的环境。

（4）联合火力打击分析系统。“联合火力打击分析系统”是基于关系数据库的运筹分析工具，将仿真结果导入系统的数据库中，根据数据之间的不同关系，建立多层次脉络模型，分析其产生的机理，进而为运筹分析提供支持。

鉴于未来陆军作战实验的日趋复杂，相应的模拟仿真实验系统和实验支持系统也愈加多样，在此不进一步阐述。

6.4.3 实验数据准备

数据准备是陆军作战实验准备阶段的一项重要内容。全面、准确、高质量的数据准备是实验成功开展的重要保证。一般而言，陆军作战实验前，至少应准备基础数据和想定数据。

基础数据主要包括：红蓝双方参战部队编制数据，如部队编制级别、类型、人数、装备数量规模等；红蓝双方主战武器装备性能和作战效能数据，如射程、射速、命中概率、命中精度等；陆战场自然环境和人工环境数据，如地形数据、地貌数据、气象水文数据以及影响电子作战的电磁的人工设施等；红蓝双方作战行动与对抗裁决规则数据等。

想定数据主要包括：陆上作战阶段划分、行动开始时间、行动路线、任务要求；红蓝双方兵力编成、配置，以及每个作战集群在作战全过程中的作战行动、作战任务、指挥协同关系等。

（一）模拟分析实验数据准备

模拟分析实验利用仿真模型，依据军事想定对相关军事问题进行仿真模拟。仿真模型的运行需要大量武器装备、兵力部署、作战目标等基础数据的支持。因此，模拟分析实验需要准备的数据，除以上的基础数据和想定数据外，主要是各种类型的仿真模型及其支撑数据，如作战行动仿真模型、作战能力分析评估模型、作战样式论证模型、装备保障模型等。

（二）对抗推演实验数据准备

对抗推演实验是“人机结合、以人为主”的实验方式，通过人与机器或人与人的对抗来实现对特定决策方案的评估分析、对作战能力与作战效能的评估，以及对战法和作战条令的评估与检验。在对抗推演中常常使用仿真模拟进行相关问题的分析，并以分析结果为重要依据进行研讨分析，因此其在数据需求方面与仿真模拟实验有很大的相似之处，都需要仿真模型和支持仿真模型运行的相关基础数据。此外，对抗推演还要准备几类数据：①对抗推演过程中产生的决策数据，即实验过程中人工输入的命令参数；②对抗推演过程中出现的态势数据，反映针对特定问题在某种情况下可能出现的状态和发生的变化；③为对抗双方决策所需要的各种辅助信息，如各种情报数据、战法数据等。

（三）综合研讨实验数据准备

综合研讨实验强调运用“从定性到定量综合集成方法”开展军事问题研讨分析。在主持人的主持下，专家通过讨论不断提出针对所研究问题的思路、意见、判断和决策，通过对这些信息的量化处理分析，形成最终研讨结论。在此过程中，离不开技术人员采取多种方式提供的辅助信息支持。因此，综合研讨实验对数据需求主要体现为：一是仿真模型和基础数据，主要是通过仿真分析，协助专家进行决策和对策思考；二是专家经验知识和公共文献资料等信息。

6.4.4 模拟分析实验准备

（一）仿真实验系统调整完善

陆军模拟分析实验中，仿真实验系统大多需要根据实验要求进行调整完善，以满足实验目标的需求。一般情况下，仿真实验系统调整完善的准备工作包括：模型和运行规则调整完善；数据自动采集功能调整完善；实验系统调试及试运行等。

（1）模型和运行规则调整完善。模型和运行规则的调整完善是仿真实验系统调整完善的重点内容。作为仿真实验系统的核心，模型和运行规则是确保模拟仿真能够真实反映作战规律的关键。仿真实验系统的模型应能支撑所选定的陆军作战背景中所有作战行动及其效果的模拟，应能支持双方作战基本想定中所有作战力量的可能作战行动及其效果的模拟。双方作战行动、武器装备运用、对抗裁决等规则应与作战想定中双方作战基本想定相配套。

（2）数据自动采集功能调整完善。应根据作战实验数据采集计划，对仿真实验系统的数据自动采集功能进行调整完善。要注意了解掌握仿真实验作战背景、评估指标、评估方法等，这些都会对仿真实验系统数据采集提出不同的要求，需要根据这些要求，对仿真实验系统的推演过程事件信息及行动结果信息等数据自动采集功能进行调整完善。

（3）实验系统调试及试运行。在对模型和运行规则、数据自动采集功能调整完善结束后，就要对仿真实验系统进行整体调试及试运行，以保证仿真实验系统能满足实验要求。实验系统调试及试运行，需要有相应的联合作战想定、红蓝双方信息作战基本想定、红蓝双方信息作战方案及信息作战行动计划配合。这些想定、方案和计划，可以是将要正式实验的部分想定、方案和计划，也可以是专门拟制的较为简化的调试用想定、方案和计划。

（二）其他准备

除仿真实验系统调整完善外，还需要做好以下准备工作：①组织机构准备，需要成立实验组织机构，编设实验人员，人员构成包括军事人员和技术人员；②数据模型准备，包括基础模型、模拟数据和相应数据库准备，如打击武器数据、打击目标数据、打击要求数据等；③实验设备设施准备，如实验用计算机、投影仪、打印机等硬件设备，以及陆军作战标绘系统、文电系统及其他实验支持系统；④实验环境准备，通过高速网络连接相应的基础模型库和数据库，并进行集成测试和联机调试。

6.4.5　对抗推演实验准备

对抗推演的实验准备，是指组织与参与者在进行对抗推演实验之前所完成的一系列准备工作。准备工作充分与否，将直接影响到研究问题的深度和质量。

对抗推演实验前准备工作，主要包括：组织准备、理论准备、计划准备、系统准备、实验想定编撰和规则制定等。

（一）组织准备

根据对抗推演实验研究问题的类型和层次，按照实验计划的时间安排，成立导调机构，确定导调人员，从研究单位中抽组人员，编成对抗小组，协调和规范对抗推演的方式方法等。

（二）理论准备

针对课题研究所涉及的重难点问题，组织全体实验人员展开理论研讨、收集整理资料、准备各类数据、组织理论讲座等，同时，还要学习和了解计算机模拟的基本原理和主要功能，视情组织必要的培训，为实验支持系统实际操作打下基础。

（三）实验想定和规则完善

在完成理论准备的基础上，根据研究的课题，组织修订完善各类想定和对抗裁定规则。修改完善的重点包括双方战略（战役）企图、对抗规则及裁定规则等。

（四）系统准备

技术保障部门根据组织实施计划，对软硬件系统进行开发完善和调试，按时完成相应的技术支持准备。

（五）场地设施准备

在进行对抗推演实验时，主要的场地包括推演评估大厅、红蓝作业室、设备控制室等。

推演评估大厅是对抗推演实验的主要场地。推演评估大厅可以划分为分析研讨区和实验系统操控区。分析研讨区主要进行对抗推演的观摩、研讨和实验过程控制等活动。实验系统操控区设置系统控制、方案录入、态势显控、采集控制、分析控制等席位。推演评估大厅主要的软件系统是作战仿真实验系统，主要硬件设备包括大屏幕投影、计算机及网络系统、音视频会议系统、中央控制系统等。

红蓝作业室是双方“背靠背”拟制作战方案及行动计划的作业场地。主要配置基础与想定数据查询、作战计算、方案计划作业等支持软件和硬件设备，与推演评估大厅类似。

设备控制室是对抗推演实验运行的总控场所，配置服务器、网络交换设备、音视频矩阵、调音台及中央总控制系统等硬件设备，确保推演评估大厅与红蓝作业室之间的数字、音视频信号互联互通。

6.4.6 综合研讨实验准备

综合研讨论证的准备工作，通常包括审定研讨题目、明确研讨要求、设计研讨方案等研讨前准备工作。

（一）审定研讨题目

研讨题目应言简意赅，不得出现争议或歧义现象，例如“陆军在渡海登岛战役中的运用问题研究”。

（二）明确研讨要求

对研讨所要解决的问题和达到的效果进行明确。例如，以渡海登岛作战为基本背景，开展对抗性研讨，探讨陆军在渡海登岛战役中的使命任务、主要战法的问题。

（三）设计研讨方案

综合研讨实验方案的设计，通常包含以下要点。

一是研讨任务。例如：总任务，采用对抗方式，运用集体研讨的形式，探讨陆军作战运用问题；完成时间 2 天；研讨结论，研讨解决渡海登岛作战中，陆军在各个作战阶段和使命任务、战法运用等问题。

二是研讨方式。例如，集体研讨以对抗性“集中、分布、集中”的研讨方式进行。

三是研讨方法。例如，以对抗性“集中、分布、集中”的研讨方式，按照作战阶段，具体划分为5个回合进行：第一回合为战役布势阶段；第二回合为战役展开阶段；第三回合为集结航渡阶段；第四回合为抢滩登陆阶段；第五回合为纵深推进阶段。集成研讨按以上回合顺序执行。

四是研讨人员编设。例如，综合集成研讨可以编设导演组、红方组、蓝方组和保障组。各组研讨人员的具体安排如下。

导演组：总导演1人，副总导演1~2人，组员3人。

红（蓝）方组：组长各1人，副组长各1人，组员各5人。

保障组：组长1人，组员8人。

五是集成研讨资源配置。例如：场地配置方面，综合研讨场地分区可分为主研讨区、导演组工作区、红方组作业区和蓝方组作业区，保障组位于相应保障部位；研讨软硬件环境资源方面，硬件环境涉及搭建千兆带宽的内部局域网和配置30台计算机（其中，3台服务器提供应用服务、数据服务和备份服务，研讨终端共22台计算机，预留5台作为备份用机），集成研讨环境的主要应用软件系统包括陆军作战标绘系统、综合研讨系统、战场态势服务系统等；其他设备设施方面，还涉及大屏幕投影系统、电视监控系统、音响与会议系统、通信系统、安全保密系统、UPS电源等。

6.5　作战实验的组织实施

作战实验组织实施是作战实验最重要的阶段，分别以模拟分析、对抗推演和综合研讨三类实验分析其组织实施过程。

6.5.1　模拟分析实验组织实施

模拟分析实验的准备工作完成后，就可进入实验实施阶段。模拟分析实验的组织实施，主要是按照实验实施计划，输入实验数据、运行仿真实验系统、进行各种实验控制、采集过程和结果数据的过程。陆军模拟分析实验在组织与实施中，要着重注意三个主要环节：①需要把作战问题量化分解，直至可以用仿真模型直接计算为止；②针对量化分解后的作战问题，选择适当的仿真模型进行仿真模拟计算，并得出计算结果；③要在仿真模拟计算结果的基础上，对实验事实综合分析论证，达成共识性结论。

以火力打击模拟仿真实验为例，按照其实验阶段划分，重点叙述其实验组织实施过程。

（一）实验设计

一是确定实验条件。为满足对目标的打击毁伤要求，通过模拟仿真实验确定相应兵力需求。运用不同的陆军火力，包括不同型号、不同数量、不同弹种的火炮，对目标进行打击实验，得出一组打击效果数据，分析选择打击效果较好的1～2种弹种。选择对不同目标打击效果最佳的弹种，对同一目标按毁伤要求进行打击实验，得出实验数据，分析选择对某一目标实现打击效果所需的弹种数量。

二是提出实验指标，本例中主要是指火力打击毁伤效果要求。

三是实验方案设计。本例中可分为三个部分。

（1）实验任务。选择相应的各类火炮攻击模型进行计算分析论证，对火力打击效果及兵力需求论证分析。

（2）实验方法。采用模拟分析实验方法，主要包括：①不同地面火炮打击不同目标，根据仿真结果数据，选择对某一目标打击效果最好的1～2种弹种。②不同陆军航空兵火力打击不同目标，根据仿真结果数据，选择对某一目标打击效果最好的1～2种弹种。③选择较好的弹种，对某一目标进行打击实验，根据仿真结果数据，分析达成打击毁伤要求所需的弹种数量。

（3）实验顺序。按任务①、②、③的顺序完成实验任务。

（二）实验准备

主要进行仿真实验系统调整完善，以及组织、数据、设施和实验环境等的准备，不再细述。

（三）实验组织实施

一是模型、武器、目标的选择。执行任务①时，选择地面火炮射击计算模型，对不同目标进行打击实验计算；执行任务②时，选择陆军航空兵火力计算模型，对不同目标进行打击实验计算；执行任务③时，用打击效果较佳的地面火炮、陆航火力，分别选择地面火炮射击计算模型、陆军航空兵火力计算模型，对不同目标进行打击实验计算。

二是实验数据输入。按照仿真模型的输入要求，输入相应的支持数据。其中：打击武器数据包括武器名称、使用弹种、总弹量等；打击目标数据包括目标类、目标数、要求毁伤程度等。

三是模拟分析实施仿真计算的实施。

按任务①、②、③的顺序，执行实验任务。任务①主要实验不同地面火炮对不同目标的效果；任务②主要实验不同陆军航空兵火力对不同目标的效果；任务③主要实验选择较好的弹种，对不同目标进行打击实验。

对实验过程中产生的大量实验数据进行统计和分析处理，并从中选取一些有意义的实验事实，用以指导实验设计方案的改进和开始新一轮的实验循环，直至实验计算满意时结束。模拟分析实验仿真计算的打击效果统计，包括目标类、要求毁伤概率、实验毁伤概率等。

6.5.2 对抗推演实验组织与实验

陆军对抗推演实验由准备阶段进入组织实施阶段时，一方面要继续做好实验的各项准备工作，另一方面要及时把实验准备工作的重心转移到对抗推演实验的组织上。

由于对抗推演实验的效果和质量在很大程度上取决于对抗推演实验的组织领导。因此，陆军对抗推演实验组织者，应挑选具有扎实军事理论功底和丰富对抗推演经验，通晓陆军作战指挥规律的人员担任。实验开始前，组织者应认真做好各项准备，事先预想各种可能出现的场景。实验组织实施过程中，组织者应集中精力、全神贯注、有条不紊地组织实施对抗推演活动。

（一）对抗推演实验组织实施

对抗推演实验组织实施，本质上是一系列作战模拟实践活动。其基本过程是，实验参与者以参演角色，通过对抗的方式，在一个人机交互的“开放回路”中，通过不断改变作战实验的输入条件（即参战力量、主战装备、新型作法、电磁环境等），通过不断对比分析输出的差异性实验结果，考察其中变化原因、内在机理和运行规律，找出其中对作战进程和作战结局具有检验性的实验事实。

陆军对抗推演实验的组织实施内容通常包括：对抗推演实验方案输入、对抗推演实验实施、对抗推演实验评估分析。

（1）实验方案输入。

录入或输入的对抗推演实验方案，通常有两种类型。一种是对抗推演实验方案，在仿真模拟中通常称为计划命令，主要要素有实体的作战编组、部署配置和行动命令等。另一种是作战指挥命令，在仿真模拟中通常称为干预命令。

以上的计划命令和干预命令，在内容及格式上相近，区别在于输入的时机和场合不同，前者应在模拟实施之前准备好输入，后者是在仿真模拟过程中，视情临时输入。

计划命令和干预命令可直接输入系统进行对抗模拟，其他类型方案计划，如果不能直接输入系统，则需要通过自动或人工的方式，先转化成计划命令或干预命令，然后输入系统。

（2）对抗推演实施。

对抗推演实验，通常是按作战“回合”进行的。陆军作战对抗推演实验的组织实施应重点关注其设置、模拟和评估三个方面。

一是作战“回合”的设置。在对抗推演实验的实践中，作战“回合”的设置，通常根据实验研究问题需要和实验组织者的经验，进行人为划分。大多数情况下，按作战阶段、作战问题、陆上攻防作战行动、作战波次等划分为作战“回合”。作战“回合”的划分受研究问题的层级和颗粒度影响较大，比如研究战术性问题，则划分较细。

二是作战“回合”的模拟。从时间和阶段看，对抗推演实验以“回合”为基本单元，因此，每个“回合”的模拟构成一个完整的对抗推演过程。当某一“回合”模拟开始时，通常按事先输入的计划命令，启动运行模拟。模拟过程中，作战态势以态势图、统计图表及文字等形式显示出来，实验人员可适时观察、分析、判断战局发展趋势，并根据作战态势发展变化，下达作战指挥命令，适时进行干预，红蓝双方形成对抗。这样，对抗模拟交织运行计划命令和干预命令，如此循环往复，直至此“回合”模拟结束。

（3）对抗推演实验评估分析。

某一“回合”模拟结束后，实验组织者通常要组织评估分析研究。根据实验研究需要，也可在模拟过程中“暂停”，即时进行评估分析。根据评估分析研究的结果情况，视情重复该“回合”的模拟，或者进入下个“回合”的模拟，直到实现预期目的。

表 6-1 所列为对抗推演评估事件列表。

表 6-1　对抗推演评估事件列表

序号	事件名称	事件描述
1	部署	作战实体的实际配置情况
2	机动	按作战实体机动能力进行机动的路线与位置变化情况
3	发现	按作战实体探测距离，一方发现另一方或互发现的情况
4	电子对抗	按作战实体干扰、抗干扰能力，一方对另一方干扰、抗干扰或互干扰、抗干扰的效果情况
5	毁伤	按作战实体作战能力，一方攻击另一方或互攻击的毁伤情况

对抗推演实验的评估分析，是整个实验的重点环节。评估分析既要依据定性判断结论，也要依据计算机输出的模拟结果。在计算机对抗推演研究中，通常以输出的模拟结果为依据进行评估分析。依据这些模拟结果，借助系统的记录、暂停、回放等功能，军事人员可适时对己方所采取的作战行动（即计划命令或干预命令）和行动效果（即模拟结果）进行评估分析研究。

（4）实验案例。

以“综合火力打击能力分析”对抗推演实验为示例，展示其组织实施过程，为便于掌握全貌，从其实验设计开始。

【实验设计】：

一是确定实验条件。

课题任务为综合火力打击能力分析。实验背景为红蓝双方分属进攻方和防御方。只研究红方使用陆航、地面炮兵，对蓝方实施火力打击的作战行动和蓝方的防卫作战行动。红方参战力量以陆航兵力和地面炮兵为主；蓝方参战力量以陆航、防空和电子对抗兵力为主。红方参演军事人员确定进攻作战部署与和突击行动。蓝方参演军事人员确定其防御部署和防御行动。气象条件为适宜航空兵出动。

二是研提实验指标。

分析评估在电子对抗条件下，使用地面炮兵、陆军航空兵进行综合火力打击的效果。

三是实验方案设计。

实验任务：火力打击能力分析论证，采用对抗式研究方法，选择火力打击对抗推演系统进行对抗模拟分析论证。

实验项目：任务①为按“基本案”进行对抗模拟推演，得出一组对抗模型结果数据，主要包括兵力运用、打击效果、损伤情况等。任务②为变换“基本案”进行对抗模拟推演，在“基本案”的基础上，通过对不同武器的打击顺序、使用数量的变换，进行多轮的对抗模拟推演。在此基础上对比分析“基本案”与不同“变换“案””的打击效果，从中选择1～2个较优打击“方案”。任务③为对较优“案”进行整理，输入数据主要有作战编成、作战编组、行动命令等，输出数据主要有打击事件、打击效果等。在此基础上，形成1～2套完整的较优打击方案及其说明。

实验方法：火力打击实验总体上分为两个步骤：火力打击方案选优和火力打击能力分析。火力打击方案选优是在基本案基础上，变换不同打法，对抗模拟推演，对比分析并选择1～2种较优打击方案。火力打击能力分析是通过对较优方案的对抗模拟推演结果分析，论证综合火力打击的作战能力，包括陆航、地面火炮的火力打击能力，提出对综合火力打击的规模需求、打击效果等的量化分析结果。

实验步骤：实验按任务①、任务②、任务③的顺序执行实验任务。

实验机构：实验设置导演组（3人）、红方组（4人）、蓝方组（3人）、技术保障组（3人）。

实验保障：场地保障方面，根据需要对抗推演选择在演示大厅和作业室（2～3个）进行。硬件设备保障方面，演示大厅内配置导演组计算机终端机4台，大屏幕；作业室1配置红方组计算机终端机6台，大屏幕；作业室2配置蓝方组工作机6台，大屏幕；作业室3，备用计算机终端6台，大屏幕。应用软件系统保障方面，主要涉及对抗推演系统、模拟模型系统及其他保障信息系统等。

6.5.3 综合研讨实验组织与实施

综合研讨实验是采用综合研讨的方式，实验分析人员开展定性与定量相结合的研究讨论、综合分析，从而实现评估与优化对策方案的实验过程。综合研讨中，军事专家充分运用各种定性分析、定量分析和综合研讨工具，对军事问题展开综合研讨分析，不断深化对实验问题的认识、优化解决方案、提出供决策者参考的意见和建议。

综合研讨实验支持实验人员集体对特定军事问题的研究和讨论，引发专家思维的碰撞或争论，综合集成专家的各种意见，达到优化决策方案的目的。

综合研讨实验论证方法多样，以下结合案例，说明“分、合、回溯”研讨方法实验基本组织实施过程。

（一）分头研究、分头决策

“分头研究、分头决策”，是由研讨实验的导演给出情况，对局各方分头独立思考对策。在此过程中，研讨实验采取“分”的形式，即导演组及对局各方应位于不同的房间（或实验区域），并且要求各方之间互不交流。对局方按照实验角色分别进入情况，根据导演组发布的战场态势分别进行研讨决策，研讨决策情况，在各对局方之间不透明，以此增强研讨的对抗性。

（二）集中裁决、集中研讨

“集中裁决、集中研讨”，是指当实验进行到研讨点，即问题研究的重点或者两个作战阶段的转折点，如战争由防御转入进攻、强敌开始干预等，为推动研讨继续进行，研讨可采用“合”的形式。所有实验人员，包括导演组和对局各方在同一房间（或同一实验区域）。在导演组的导调下，对局各方一起开展集中式研讨，对先前的问题、对策及对策结果发表意见、交流看法、碰撞灵感，也可对后续的研讨进程进行讨论。通过这种形式，可以部分消除分歧、形成一定共识。

（三）回溯式研讨

“回溯式”研讨，是在综合研讨实验过程中，可根据实验需要暂时停止下来，并返回到以前的某个决策点，研讨各方重新进行决策，而后再进行态势演变。实验过程具有非线性特点，可根据实验问题的研究需要，返回到前面的时间点，对局各方可以做出与以前不同的决策，并且导演组也可视情给出不同的实验背景情况。这样，作战态势将会呈现不同的发展趋势，从而有利于研究不同决策对战局发展的影响。

（四）综合研讨结论

围绕实验研讨问题展开综合讨论，集中专家意见形成一定共识，做出研讨结论。综合研讨结论的主要内容，通常包括研讨主题、实验编组人员、研讨基本过程、研讨的主要观点、研讨成果、研讨存在的问题及改进建议等。

6.6　作战实验数据采集

6.6.1　作战实验数据类型

陆军作战实验包括三种类型，分别为模拟分析、对抗推演和综合研讨实验。相应地，作战实验数据按照性质可分为共用和专用两大类，其中共用类数据是三种类型实验通用的数据，而专用类型分别针对三种实验类型，即模拟分析数据、对抗推演数据和综合研讨实验数据。

（一）共用数据

（1）基础数据。这是陆军作战实验中最基本层级的数据，在实验过程中具有相对静态的属性，主要为作战实验提供基础支撑。基础数据的准确性对陆军作战实验影响较大。基础数据主要包括：①部队编制数据，如编制级别、人数、装备数量等。②武器装备性能数据，用来描述武器装备战技术性能和特征，可分为武器平台、武器、传感装置和对抗设备四个大类，如武器的火力性能指标（有效射程、直射距离、射速、高低射角等）、命中精度、涉水能力、机动速度等。③作战目标数据，主要描述重要的军事设施和民用目标，如目标类型、物理尺寸、建筑材质、抗毁性、推荐弹种等。④战场环境及对作战影响数据，主要描述地形地貌、大气水文和人文环境，以及对陆上作战的影响，如陆地标高、风力、能见度、电磁场强度、配套战备工程等。⑤其他数据，如战略战术原则、兵要地志、战例和训练资料数据等。

（2）实验想定数据。它是对作战想定量化后的结果数据，主要包括：①作战决心意图的量化数据。②各方作战编组数据，如编组数量、名称、作战任务、作战行动、指挥关系、协同关系等。③作战部署数据，如部署、展开、攻击（防御）位置等。④作战行动数据，如作战阶段划分、行动开始时间、行动路线、任务要求等。⑤其他数据，如双方军事理论、作战原则和指挥艺术等。

（3）实验结果数据。陆军作战实验结果数据是实验输出成果的最终体现，也是得出实验结论的重要基础。需要注意的是，实验结果数据的具体内容及形式要紧贴作战实验目的。另外，实验结果数据规模、内容和格式受实验类型影响很大。

（二）专用数据

（1）模拟过程/结果数据。模拟过程数据是由实验仿真模型产生的数据。模拟过程数据以定量化方式记录了仿真模拟全过程，是向用户反馈实验信息的重要支撑，是实验评估指标体系的基础数据，实时反映了双方作战单位状态及最终输出结果的数据。通过对模拟过程数据进行统计、分析、评估，可以逐层提取出高层的评估数据，直至最终的作战实验结果数据。模拟过程数据一般包括：①作战事件信息，如事件时间、地点，事件发生的主客体实体信息，事件结果等。②作战实体的状态信息，如位置、机动状态、弹药消耗情况、损伤状态、被发现状态、被干扰状态、任务执行状态等。模拟结果数据是计算模型输出的结果值，它不反映作战过程信息，直接提供实验论证所需的数值结果。模拟结果数据可能是某一作战行动结果值或某个评估指标值等。

（2）对抗推演决策数据。对抗推演决策数据是以对抗推演方式组织作战实验时出现的一类作战实验数据，是对抗各方根据每一轮新的态势做出的决策数据。对抗推演决策数据是作战实验过程中的人工命令数据，来自参与推演的对抗各方。这种数据从本质上说也是一种作战方案数据，根据对抗态势的不同其具体内容可多可少。

（3）综合研讨意见数据。综合研讨意见数据是以综合研讨方式组织作战实验时出现的一类作战实验数据，是研讨专家提出的个人研讨意见，或针对其他专家意见的评论和争议。综合研讨意见数据是作战实验过程中人工给定的决策数据，来自研讨专家。这种数据与对抗推演决策数据相比，其内容比较单一。

6.6.2 数据采集的重要性和把握原则

（一）数据采集的重要性

陆军作战实验正常组织开展后，一项重要的工作就是采集作战实验数据，其重要性体现在：①及时完整地采集数据，是开展实验数据分析处理，进而顺利得到实验结果的前提和基础；②各类仿真过程数据的实时采集，可以帮助实验人员及时跟踪掌握实验进展和模型运行状况，有利于实验的管理和控制；③采集并存储仿真数据，利用回放系统可以实现仿真实验过程的回放，有利于实验的回溯分析。

（二）注意和把握的原则

（1）需求牵引。陆军作战实验数据的采集，涉及采集的时机、内容、标准等问题，都对后续分析处理具有重要的影响作用，因此，应以作战实验需求为牵引，经过自顶向下的严密论证。首先，通过作战实验目的确定实验的评估内容；其次，针对评估内容加以分析研究，确定评估层次和评估指标体系，据此决定采集数据的时机、内容和粒度等问题。因此，作战实验数据采集是军事需求与技术紧密结合的过程，必须在数据采集中发挥军事需求的牵引、指导作用。

（2）体系完备。从陆军作战实验来看，每次实验的全部数据构成一个完整体系，具有整体性、层次性和关联性，因此，在采集时应注意数据的横向关联和纵向配套，生成完备的数据体系，便于分析评估作战实验结果时产生正确的结果。另外，采集整理完备、成体系的数据，能够检验对照，发现并剔除异常数据，提升数据质量。

6.6.3　作战数据采集方式

（一）常规采集方式

陆军作战实验数据的采集，应以有利于开展实验结果分析为目的。目前，陆军作战实验数据采集，在常规本地模式，可以有自动和人工两种方式。

一是系统自动采集。陆军作战实验的静态基础数据，通常保存于作战实验信息系统、作战实验专用数据库或作战方案数据库，可运用成熟的数据库交换技术，如 ODBC，JDBC，ADO/OLE，通过数据访问接口直接获取。另外，也可通过关系数据库的备份恢复机制，在获得数据导出权限后，直接导出数据文件。对于动态仿真数据，如果产生于单机版作战实验系统，可由仿真模块输出反映双方作战单元实时状态的数据，并直接将这些数据记录在专用数据文件或写入数据库，实现动态数据的自动采集。对于对抗推演和集成研讨实验，参演人员形成的动态输入文件，如研讨意见，可以通过先进的智能语音识别软件，实时采集并识别转换成文本文档，保存于实验记录文档中。

二是人工记录采集。在陆军作战实验中，部分实验环节还无法实现数据自动采集，特别是作战效果评价、装备作战效能评估等场景，因此，完全依赖系统的自动采集不足以获取支持实验结果分析的数据，还需要辅之以人工记录的方式，经多人合作观察、监控、查找以前实验的数据，以及半实物仿真数据、靶场实验数据，但是这只是给出一定的数据量，还需要对数据进行检查和压缩，确保将有效的数据记录下来。

（二）分布式数据采集方式

随着云计算、大数据及各种分布式存储技术的迅速发展，可以预见，HLA等分布式交互仿真作战实验将成为未来陆军作战实验重要的内容。在这种异构、分布情况下，作战实验数据采集一般分为三种方式：集中式、分布式和分散集中式。集中式数据采集一般通过设计专用仿真数据采集模块，采集生成的数据文件比较便于分析和回放，但占用宝贵的网络带宽资源的缺点也较明显。分布式数据采集既可以在各仿真成员中直接加入数据采集功能，也可以在仿真成员与 RTT 之间设计数据记录中间层，优点在于充分利用现有网络资源，分散了集中式数据采集的负担。分散集中式采集是在每个局域网设置一个集中式数据采集成员，该成员负责收集它所在局域网的数据，实现分片就近数据采集。

分布式仿真实验环境下，为提高仿真质量，需要提高采样频率，采集的数据量相应增大。在底层，可以利用 XML（ eXtensible Markup Language，可扩展标记语言）技术实现各种数据的透明传输、透明采集。由于 XML 是一种跨平台的语言，语言格式可变，且支持用户定义的标记，即使对于异构数据，也可以把它们包装成为统一的格式进行交换，实现分布式数据的整合。目前，Oracle，SQL Server 等主流关系数据库，都支持直接从 XML 文档到数据库或从数据库到 XML 的直接转换。

此外，近年来快速发展的大数据技术，典型的如 NoSQL，已经支持海量非结构化数据的存储、传输和高速并行处理，辅之以分布式文件系统，一定可以很好地支持分布式仿真实验的数据采集。

（三）人工输入数据的采集方式

陆军作战实验过程中，人工输入数据在对抗推演和集成研讨实验中较常见，主要包括决策数据、专家意见数据等。可根据其结构化程度，分别采取不同的采集方式。

（1）非结构化数据记录采集。作战实验中，军事专家在对抗推演或综合研讨过程中，常采用头脑风暴法，根据实时战场态势，利用自己的经验知识，对某一作战问题表述个人意见、互相研究讨论。这样的专家意见，形成一种非结构化的人工输入数据，以往主要采用人工记录方式采集，目前可以通过语音识别转化，以文字形式或者通过在线音频、视频的形式采集。

（2）结构化数据记录采集。在陆军对抗推演和综合研讨实验中，有一类数据也是由专家决策和研讨得到，但可以通过技术手段进行处理，典型的如通过已设计好的人机界面，直接录入到作战实验支持系统中。这些数据的结构规整、物理含义清晰、值域明确。例如，对抗推演实验中的人工决策数据，实质上就是作战命令数据，通过命令录入或分枝选项输人后，可直接驱动仿真实验模型或计算实验模型运算。再如，综合研讨实验中，设计并由专家填写调查问卷，通过信息系统直接将专家意见以结构化的信息录入系统。

6.6.4 作战数据采集内容

（一）采集数据类型

陆军作战实验需要采集的作战实验数据，总体上共包括三大类：①基础数据及作战想定数据中的静态数据，如武器装备作战参数、作战目的、作战阶段划分、目标打击、地形地貌等数据。此类数据在一次完整作战实验中相对固定的。②在实验过程中，由仿真模型和计算模型输出的模拟仿真过程数据和结果数据。此类数据随时间而变化，具有动态性。③实验过程中人工输入的数据，包括专家决策数据和意见数据等。另外，不同类型的陆军作战实验，在数据采集时，也应有不同的侧重点。

（二）模拟分析实验数据采集

模拟分析实验主要依托模拟仿真模型，是“人不在回路”的闭环实验，完成数据准备并启动模型后，模拟和计算模型就自动计算直至结束。模拟分析实验主要采集第一类和第二类数据。

（1）静态数据采集依据实验评估指标体系的具体需要来确定。

（2）根据作战实验目的，不同规模、不同粒度的仿真模型，需采集的模拟过程数据也完全相同。一般包括三类数据：①模拟实体的状态信息，用来记录不同时间各类模拟实体的状态信息，如位置、机动状态、损伤状态、受干扰压制状态、任务执行状态等信息。②作战事件信息，用来描述模拟过程中发生的各类事件的详细信息，包括事件发生的时间、地点，事件发生的主客体实体信息，事件发生的结果等信息。③模型运行的实时状态信息，如模拟步长、运行状态以及各种状态参数，用于管理控制仿真实验过程。计算模型只需采集最后的输出结果数据。

（三）对抗推演实验数据采集

陆军对抗推演实验中，研究人员需要分组开展对抗性研究，实验中需要利用计算机模拟仿真结果辅助进行决策。这是一种以模拟分析为基础、“人在回路”的开环实验。因此，实验过程中三类数据都需要采集。

（1）静态数据的采集与模拟分析实验类似。

（2）陆军对抗推演实验过程可能由多轮对抗组成，相应地，模拟模型计算的数据也要逐轮采集，这与模拟分析实验不同。如果推演实验采用的计算模型，则只需采集最后的结果数据。

（3）陆军对抗推演实验中需要采集的人工输入数据主要包括：①推演开始后，每一轮对抗中对抗各方输入的方案数据。②导演部的裁决数据。

（四）综合研讨实验数据采集

陆军综合研讨实验，是一种完全开环实验，专家作为研讨的主体，另外也需要模型体系为综合研讨提供定量分析的支持。因此，综合研讨实验也需要采集三类数据。

（1）静态数据主要是采集综合集成研讨系统中已有的数据、信息，供给专家研讨使用。

（2）综合研讨过程需要作战实验模型的支持与辅助，利用模型提供决策后果，因此需要采集模拟过程/结果数据，采集方式与对抗推演实验类似。

（3）作为一种“人机结合、以人为主”的实验模式，综合研讨实验中需要采集大量的人工输入数据，主要包括：①专家的观点、意见、知识、经验等。②专家研讨后产生的决策意见和研讨结论。

第7章 陆军作战实验结果与分析

本章重点对作战实验的实验结果分析阶段进行研究，以实验数据分析方法体系包含和汇集作战实验数据的全部分析方法，对作战实验中大量存在的半结构化或非结构化文档数据分析进行研究，最后以评估分析形成结论和结果可视化作为实验结果的终结。

7.1 数据分析目的和主要内容

陆军作战实验结果分析在整个实验过程非常重要，而实验结果的分析实质是对数据的分析，首先应当明确实验数据分析的目的和主要内容。

7.1.1 实验数据分析和处理目的

实验数据分析是实验期间，对实验过程数据或实验结果数据进行处理和分析，得出实验初步结果，为实验结论分析提供参考。其中，针对实验结果数据的分析最为重要，此过程通常也称为实验事后分析。

陆军作战实验数据分析和处理的时机和方法手段各不相同，通常围绕以下三个目的实施。

一是去伪存真，提高作战实验数据质量。陆军作战实验数据格式众多，来源各异，其一致性、可靠性和精确性不完全能够满足要求，而且可能出现数据项缺失、数据冗余等问题，因而需要在正式的数据处理之前，首先做好数据清理工作。通过分析数据来源、产生背景以及约束条件，进一步判明其适用性；通过数据校验，排除手工录入错误和人为原因造成的数据错误；通过简单数据分析剔除异常数据，避免实验过程中因噪声干扰而造成实验结果严重偏离真实值。

二是实时统计，支持陆战态势显示和效能评估。陆军作战实验的时效性要求较高，特别是“人在回路”推演实验，要求通过图表或文字形式，实时统计参战人员伤亡、主战装备损毁、弹药物资消耗等情况，并呈现给终端实验人员，从而为推演实验人员和综合研讨人员做出决策调整、综合结论提供支持。常见的有主攻集群战损、敌地面目标毁伤以及后勤装备保障数量规模等实时变化情况，这些数据要在基础数据基础上，经过多维度、多分辨率、多层次的定量化统计和合成而得到。

三是综合处理，支持陆战实验综合论证。陆军作战实验的数据处理，最终目的是为作战实验综合论证提供支撑。第一，作战实验基础数据和过程数据均处于信息层面，通过综合处理与分析，进一步形成能够揭示作战实验期望的经验性、规律性的隐性知识；第二，陆军作战实验模型中不同程度地存在各种随机变量，运用数理统计等方法进行数据处理，弱化或消除实验结果数据中的随机性；第三，在对抗推演和综合研讨型陆军作战实验中，对专家意见和观点梳理汇总，必要时还需要处理数学定理，辅助研讨结论的形成。

7.1.2 数据处理的主要内容

陆军作战实验数据处理作为实验活动的一个重要组成部分，主要包括四种类型的分析和处理：①针对数据本身的预处理，目的在于规范数据度量标准，补充完善数据缺项，提高数据本身质量，避免因数据自身质量原因影响实验结果。②面向实验结果的统计分析，目的在于解决随机因素造成的不确定性问题，分析实验数据数理统计的整体特性，满足数据总体认识的需要。③回溯分析，针对实验结果数据与实验问题之间存在不一致性，通过综合比对、回溯分析产生不一致的原因。④综合分析，运用定性分析和定量计算相结合的方式，寻求实验因素和结果之间深层次的因果关系，力求合理解释实验结论，揭示隐藏于实验结果数据之后的军事含义。

（一）数据预处理

陆军作战实验结果数据的预处理是进行后续统计分析的基础，通过实验结果数据清洗、过滤、补缺，使原始结果数据系统化、条理化、标准化，满足统计分析需要。

（1）数据归一化。

陆军作战实验结果数据往往会存在不同的量纲和计量单位，为消除指标间量纲的影响，首先需要进行数据归一化处理，解决不同数据指标间可比性问题。归一化处理主要包括同类型数据单位一致化处理、数据来源的单位一致化处理和定性数据的量化统一。

归一化处理的方法较多，常用方法有两种：一种是离差标准化（Min-Max Normalization），通过对原始实验数据进行线性变换，将结果映射到［0-1］区间；另一种是 Z-Score 标准化，对原始实验数据的均值和标准差进行数据标准化，使得结果数据符合标准正态分布。

（2）数据约简。

陆军作战实验结果数据经过归一化处理后，解决了量纲统一问题，但仍包含重复或无价值的干扰信息，需要通过数据约简，剔除不相关数据、删除错误数据、过滤重复数据和重复属性的数据，进一步提高实验结果数据质量。

陆军作战实验结果数据约简的方法较多，其中最普遍的方法是粗糙集理论。陆军作战实验结果数据约简通常需要经过三个基本步骤。一是筛选相关数据。根据与研究问题的相关程度，选择并保留相关性大的数据，直接剔除无关数据。二是清除异常数据。通过对实验结果数据的统计分析，寻找异常数据，即离群数据，对异常数据做出区别处理，对于因系统随机性而产生的偶然数据或错误数据应当剔除，而对于必然原因造成的离群数据则予以保留。三是约简冗余数据。冗余数据的形式有两种：一种是数据可能包含多余属性，体现为元数据设计方面的冗余性；另一种是重复性的冗余数据。对于冗余数据，要在保证数据总体价值不变的前提下，先约简冗余属性，然后再对完全重复的数据删除只留其一，当然也可根据实际需要进行归并。

（3）数据补充。

由于仿真系统缺陷或所掌握的信息不全面等原因，而造成陆军作战实验结果数据不足的情况，这会影响和限制后继数据分析处理，因而需要增加和补充一些实验结果数据，这个过程就是数据补充。数据补充的方法较多，其中最普遍的是数据耕耘方法。

数据耕耘主要通过观察和分析自变量变化而引起因变量效果变化的循环过程，形成一种“循环的循环”机制，使研究分析人员能够及时反馈分析结果。数据耕耘在我们感兴趣的领域“种植”数据，并对数据进行特定的“提炼”，反复地进行仿真和分析，探索事物发展的趋势，因此是一种有效的探索分析技术，强调用实验数据来解释假设的因果关系。

（二）统计分析

陆军作战实验结果数据的统计分析是对实验结果数据的收集、整理、推断和提炼等处理过程。目的是把随机性转化为整体性认识，以揭示实验结果数据的总体特征，从而获得因果关系，探索陆军作战问题的内在规律。

陆军作战实验结果数据统计分析通常具备三个特点：①客观性。实验结果数据虽经采集、整理、汇总和人工加工处理，但不应改变客观性，借助多样本分析消除随机性，显示出相对稳定的趋势和规律性。②可展示性。实验结果数据可以通过柱状图、直方图和饼图等形式直观、可视化地展示，使得结果更加直观清晰。③可推断性。可“由小见大”地根据实验结果数据去推断总体特征，进而实现解释军事问题的深刻含义。

陆军作战实验结果数据统计分析，按照层次性通常分为基本统计分析和高级统计分析两类。

（1）基本统计分析。

基本统计分析，是利用统计学原理，对陆军作战实验结果数据的数字特征、区间估计和假设检验进行分析，主要用于相同实验条件下的数据处理。基本统计分析的重点：①利用统计方法，对实验结果数据进行期望值计算和偏差范围、变化趋势等基本统计分析，为军事决策人员提供决策支持，如陆战装备实验中，对命中概率、毁伤效能等指标的统计分析。②可视化展示，对基本统计分析结果，通过专业数据图表软件进行可视化展示，便于对统计分析结果，特别是因果关系的直观认识。

（2）高级统计分析。

高级统计分析，是在基本统计分析的基础上进行的深层次数据统计分析，是实验结果数据的“深加工”。通过高级统计分析，陆军作战实验人员可获得支持或反对实验假设的证据，并对此证据有更加深入的理解。另外，高级统计分析也是发现实验结果数据中隐藏的深层次规律的重要途径。常用高级统计分析方法包括回归分析、主成分分析、显著性检验、聚类分析等。

在陆军作战实验数据分析时，要具体问题具体分析，灵活选择方法。相比基本统计分析，高级统计分析存在几个优点：第一，当样本规模太大时，可通过主成分分析等方法，在无损样本信息的前提下，对样本适当精简，有效减少统计分析工作量，提高分析效率。第二，当样本数量太少时，可通过回归分析、假设检验等方法，深入挖掘小样本中存在的信息，预测推断整体数据的特征信息，使结论更科学。第三，在对具有延续性的样本数据分析时，可运用时间序列分析方法，对未来预测和趋势判断给出更加详细的描述信息。

（3）回溯分析。

回溯分析是通过对陆军作战实验结果数据的逆推分析，对比它与实验问题之间的不一致性，寻找对应数据产生的原因。回溯分析能够通过数据挖掘和趋势分析等，为实验人员快速回溯作战实体的历史运行状态，追踪导致产生某种结果的原因。其价值不仅在于发现问题，而且在于追根溯源，对作战实体事件及作战问题进行取证分析。

陆军作战实验结果数据的回溯分析，根据其性质可区分为定性回溯和定量回溯两种类型。定性回溯分析又可进一步分为原因分析和原因比较分析两类。原因分析是通过实验结果或事实结果的逆推寻根求源，找到导致结果的原因；而原因比较分析则通过逻辑定性推理，对导致不同事实结果的各个因素进行比较，揭示可能形成这种结果的原因。定量回溯分析主要针对量化数据进行回溯分析，需要对系统支持的多种格式数据进行回放分析。例如在地空导弹拦截无人机实验中，实验人员通过对无人机被识别探测、跟踪锁定和击落的时间和位置等数据的回放，可以搞清无人机于何时、何地被击落。回溯分析既可以针对全局对象，也可仅针对指定对象进行分析，其中：对全局对象分析时，在不指定任何对象的前提下，进行数据查询和挖掘分析；而对指定对象分析时，是对某一个特定作战事件进行针对性的逆推分析。

（4）综合分析。

陆军作战实验结果数据的综合分析是直接影响作战实验结论的重要环节。综合分析的基础是系统工程理论，其方法是军事运筹学方法，其本质是量化和优化。

综合研讨方法是支持综合分析的最主要方法，可分为两类：一类是协作式研讨，通常由一个军事专家群体，以研讨会议的形式，面向共同的研究问题，通过相互交流、协作的方式展开面对面的集体研究与分析，以达成同一目标。另一类是对抗式研讨，即多方对抗性研讨，将研讨人员分成两方或多方，展开自由研讨与争论，通过对不同对策的集结，组合可能的结果，进行研讨分析，提出新对策，深化对问题的认识。

7.2 实验数据分析方法

陆军作战实验所研究和论证的问题具有多样性。相应地，实验数据分析方法既包含基本的概率论和数理统计方法，也包含分类、聚类及关联等数据挖掘方法。此外，未来陆军作战实验数据将呈现大数据特征，因此还应积极探索和引进先进的大数据分析方法。有国内知名学者曾将大数据分析比作大海中捕鱼，当面对浩瀚未知的数据“海洋”，对鱼群种类、数量规模、位置分布、游动方向等前没有先验知识，采用传统固有的一种或几种捕鱼方法已然无法满足需求，难以取得好的结果。因此，未来陆军作战实验数据分析既要依托传统经典的数据分析方法，也要在大胆假设和预测的基础上，综合运用新方法进行探索性分析挖掘。

7.2.1 方法体系

陆军作战实验数据是作战实验结果的重要表现形式，对实验结果分析主要是对这些实验数据的分析。由于作战实验是科学实验的一个重要分支，因此，传统科学实验的数据分析方法也同样适用于作战实验。另外，作战实验又有区别于其他科学实验的特点规律，需要专业领域分析方法支持。

从陆军作战实验自身特点规律出发，在继承传统科学实验数据分析方法基础上，积极吸收引入先进的作战实验专用分析方法，统筹兼顾各种类型的数据分析方法，形成一个开放、多层次、配套相对完备的分析方法体系，称为作战实验数据分析方法体系。

陆军作战实验数据分析方法体系既包含常规概率论、数理统计等分析方法，又着眼未来大数据发展趋势，融入众多新的分析方法，提出方法体系之目的，即：一方面，应对未来作战实验大数据体量大、类型多样、处理实时性要求高的挑战；另一方面，满足未来信息化条件下联合作战实验高层次数据分析的需要。

陆军作战实验数据体系构成复杂，从构成和应用两个视角分别配套其构成体系和应用体系，前者重点在于分析其构成类型，后者重点分析它在作战实验数据分析中的应用。

7.2.2 定性定量综合集成法

复杂系统的研究是当前系统科学研究中的重难点问题，传统的系统科学方法难以解决复杂系统问题，因此，针对复杂系统研究其方法问题非常必要和迫切。

（一）方法的提出

1990 年，著名科学家钱学森在归纳总结对人脑系统、社会系统和军事系统等的研究实践后，提出“开放的复杂巨系统”概念，以及解决此系统问题的方法论，即“从定性到定量综合集成方法”。1993 年，钱老又进一步提出了该方法的工程形式：“从定性到定量综合集成研讨厅体系”。这两者共同构成了综合集成理论的框架。

综合集成方法能将各种学科的科学理论、专家群体的经验数据和各种支撑信息与计算机技术有机结合起来。综合集成方法的主要特点体现在“四个结合”：定性与定量相结合、科学理论与专家经验相结合、宏观研究和微观分析相结合、人机结合以人为主。因此，综合集成方法能把人的经验、知识、智慧同各种情报、资料、数据及模型系统集成起来，将各种定性认识和定量分析结合起来，上升到定量认识，从而辅助人类形成更高层次的定性结论。

（二）应用与发展

综合集成理论的提出，引起系统科学界的高度重视和浓厚兴趣。1994 年，以“开放复杂巨系统方法论”为主题召开第 20 次香山科学会议；1999 年，以“复杂性科学”为主题召开第 112 次香山科学会议，充分肯定了“从定性到定量综合集成方法”对复杂性科学研究的指导意义，促进了综合集成理论在复杂性科学方面的发展；2005 年，以“从定性到定量综合集成研讨体系的理论与实践”为主题召开第 262 次香山科学会议，把综合集成理论的应用推向了新高度，标志着综合集成理论在军事领域的应用受到高度重视。

随着综合集成理论的提出与发展，学术界纷纷展开研究与探索其工程技术和应用。1993 年，王寿云在原国防科工委开始了“综合集成研讨厅”的实验研究，探索综合集成理论在国防系统分析中的应用。1999 年，国家自然科学基金委管理和信息学部联合启动“支持宏观经济决策的综合集成研讨体系研究”，开启综合集成方法在经济领域中应用的探索。2005 年，华中科技大学李德华教授提出“军事战略综合集成研讨厅”的总体构想，进一步丰富了综合集成理论在军事领域的应用研究。进入新世纪以来，我军陆续展开了各军兵种作战实验室和联合作战实验室建设，并且大多采用“从定性到定量综合集成研讨厅”的总体架构，推动了综合集成方法在作战实验领域的应用。

（三）应用步骤

采用综合集成方法，研究复杂系统问题，其基本程序为：①提出经验性假设。将本学科的科学理论、专家经验知识和判断力相结合，定性地提出判断、猜想或方案等经验性假设。②对经验性假设研讨验证。运用数学模型、支撑数据、文献资料、专家智慧，对此经验性假设的合理性进行检测、评估和论证。在研讨中，充分发扬民主，大胆争论，激发灵感，把专家的创造性充分发挥出来。③形成结论。通过人机结合、反复交互、对比分析，根据检测、评估和论证结果，结合专家群体的经验知识再进行综合研讨与综合分析，形成最终研究结论，并据此提出对策建议。

（四）作战实验应用

20 世纪 70 年代末，钱学森曾对作战实验室的科学价值作过精辟论述：“在这个实验室里，利用模拟的作战环境，可以进行策略和计划的实验，可以检验策略和计划的缺陷，可以预测策略和计划的效果，可以评估武器系统的效能，可以启发新的作战思想。”建设作战实验室正是基于这样的应用目标，以综合集成作为作战实验基本方法，以综合集成研讨厅作为实现综合集成方法的工程形式。

综合集成理论在陆军作战实验中具有重要地位，根据该理论，作战实验要能“将专家群体、各种数据和信息与计算机技术有机地结合起来，把各个学科的科学理论和人的经验知识结合起来”，实现人机结合、以人为主。因此，作战实验室要能提供三种重要支持：①信息支持。应具有丰富的信息资源，如情报信息和历史数据、前人经验和知识等，并具备强大的信息检索和统计分析功能。②模型支持。应建立起类型完备、成规模、成体系的模型库，包括基于各学科领域知识的仿真模型、辅助建模平台等，满足多层次、多视角、多分辨率的仿真或解析计算等定量分析需求，能为军事人员提供直观的作战过程或战场态势可视化展示。③综合研讨支持。应具备完善的综合研讨支持环境，提供专家意见碰撞、研讨、综合等多种手段。在以上三类实验资源支持下，作战实验人员可以充分利用学科理论和前沿信息，通过模型模拟计算，结合自身知识和经验，对实验问题进行分析研究、集成研讨或对抗推演，从而实现从定性到定量综合集成的目的。

陆军作战实验的综合集成研讨厅概念比较抽象，可以理解为一个由专家体系、模型体系和信息体系构成的工作空间。其中，专家体系不仅包括参与实验研究的领域专家，也包括支持专家意见表达、收集、综合等功能的一系列工具和软件，作用是通过专家群体的互相交流研讨和综合分析，操纵、控制和管理作战实验的全过程，使专家的群体智慧在解决复杂军事问题中发挥主导作用。模型体系由成体系的作战仿真模型构成，主要通过模拟计算、分析评估和运筹决策等辅助专家完成定量分析。信息体系则包括专家经验知识、情报资料、支撑数据及系列统计分析工具，对专家体系和模型体系分析起补充和支持作用。

7.2.3 构成视图

陆军作战实验数据分析方法体系继承和发展了传统科学实验数据分析方法，构成内容丰富，纵向上涵盖两个层次。如图 7-1 所示，上层为总体类型，包括经典数理统计分析法、数据融合法、数据挖掘法、人工/商务智能（BI）法、可视化等方法；下层为具体的技术方法。

由于陆军作战实验本身既可以采取定性实验，也可以定量化实验，或者二者兼而有之，因此，实验数据分析方法也可以采取定性判断的方法，如通过专家打分、专家模糊评估等方法，在作战实验数据分析方法体系图中将此类定性方法归入其他类型方法中。

陆军作战实验数据分析方法体系未在纵向上进一步详细划分，主要原因在于：①鉴于方法类型众多，如划分过细，则可能因划分标准和维度不同而造成交叉重叠；②划分过细对研究问题并无实质意义。

下面介绍几种典型的分析方法。

（一）时间序列分析

时间序列分析是数理统计理论的扩展。数理统计学主要研究随机变量或向量的统计规律，而时间序列分析则以随机变量序列和随机过程为研究对象，例如导弹系统的连续输出量位置、速度、姿态、过载等，针对的是系统动态性能数据。

随机序列分析技术包括时域分析和频域分析两部分。在动态系统的分析和设计过程中，频率及谱值是最能反映系统性能和暴露系统问题的重要指标之一。平衡随机过程或广义平衡随机过程的频谱集中地反映了过程本身在频域中的统计特性。谱分析有一个突出的优点，就是在数理统计中所遇到的诸多限制

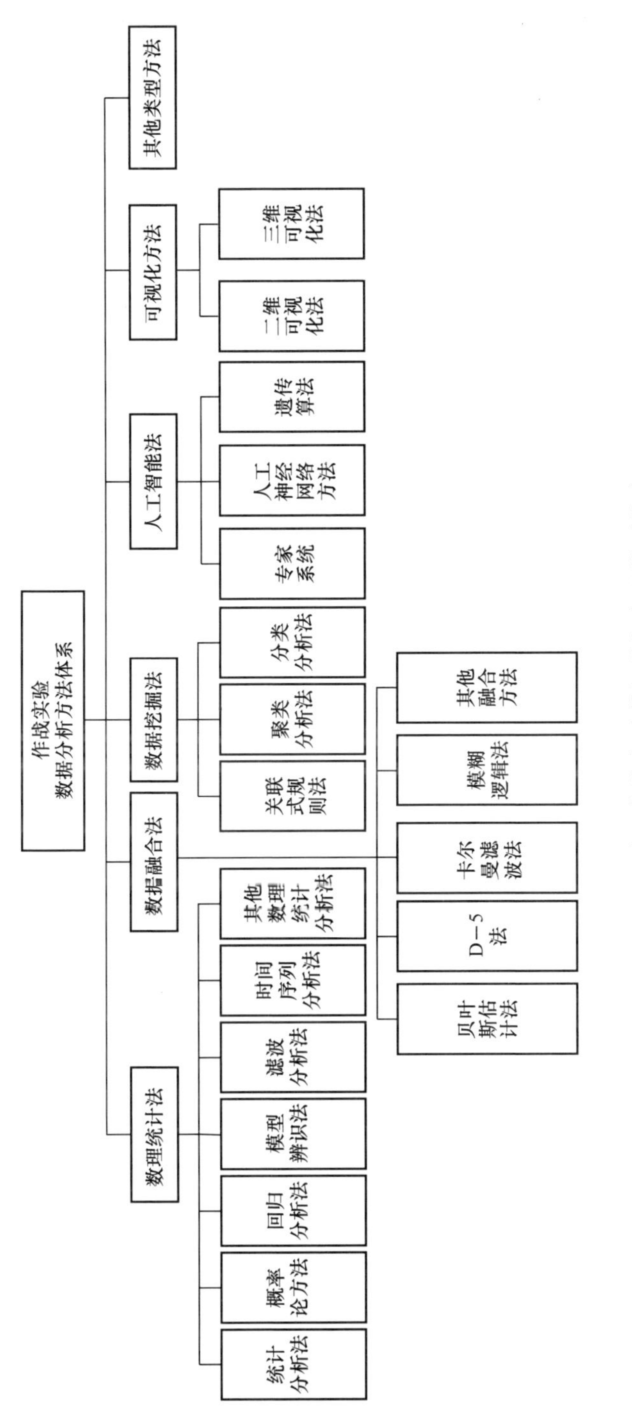

图 7-1　陆军作战实验数据分析方法体系构成

问题（如观测样本独立性、大样本等），已经通过时域到频域的转换予以克服。

时频分析技术主要有古典谱估计、现代谱估计、小波分析等。

（二）专家系统

将军事专家对作战实验采集数据的经验、知识有效地集成起来，并通过定性与定量相结合的方式建立推理机制，以此为基础建立一个专家系统，就能够对作战实验数据进行一定的处理（比如判断数据的可用性等），也能为数据处理提供有效的咨询信息。

（三）层次分析法

层次分析法（AHP）是一种定性与定量分析相结合的多目标决策分析方法，在目标结构复杂且缺乏必要数据的情况下比较适用。AHP 法的基本原理是，先对问题所涉及的因素进行分类，然后构造一个各因素之间相互连接的层次结构模型，将决策者的经验判断进行量化，逐步确定每一层中各因素相对重要性的权重，直至计算出最底层各方案的相对权重，从而得到各方案的优劣顺序。

（四）聚类分析方法

聚类分析法是依据一定的数据相似性定义或规则，对数据进行分类，从而实现同一类数据在某属性（集）而言尽可能相似，而不同类数据之间尽可能相异。聚类分析法是一种典型的无监督学习方法，能够优化大规模数据库查询并发现数据中隐含的有价值模式或知识。

聚类在很多领域有着广泛的应用，如模式识别、图像处理和数据压缩等。迄今为止，仅仅数据库界的研究人员就已经提出了不少数据聚类算法，比较著名的有 CLARANS，BIRCH，DBSCAN 和 CLIQUE 等。这些算法都试图从不同途径实现对大规模数据库的有效聚类，但都没有取得理想的效果。可以说，对于高维、大规模数据库的高效聚类分析仍然是一个有待研究的开放问题。

7.2.4 应用视图

陆军作战实验数据分析方法体系构成丰富，为正确选取分析方法开展作战实验结果分析，从应用角度描述作战实验数据分析方法体系（图 7-2）。

根据陆军作战实验业务类型，实验数据通常分为 6 类，从数据分析方法应用角度进行归纳整合，如图 7-2 所示。基础数据作为静态支撑性数据，其分析具有较显著的特点，因此，在应用视图中单独列出。另外，再将其余 5 类按照作战实验过程分为实验数据处理和实验评估分析两大类。

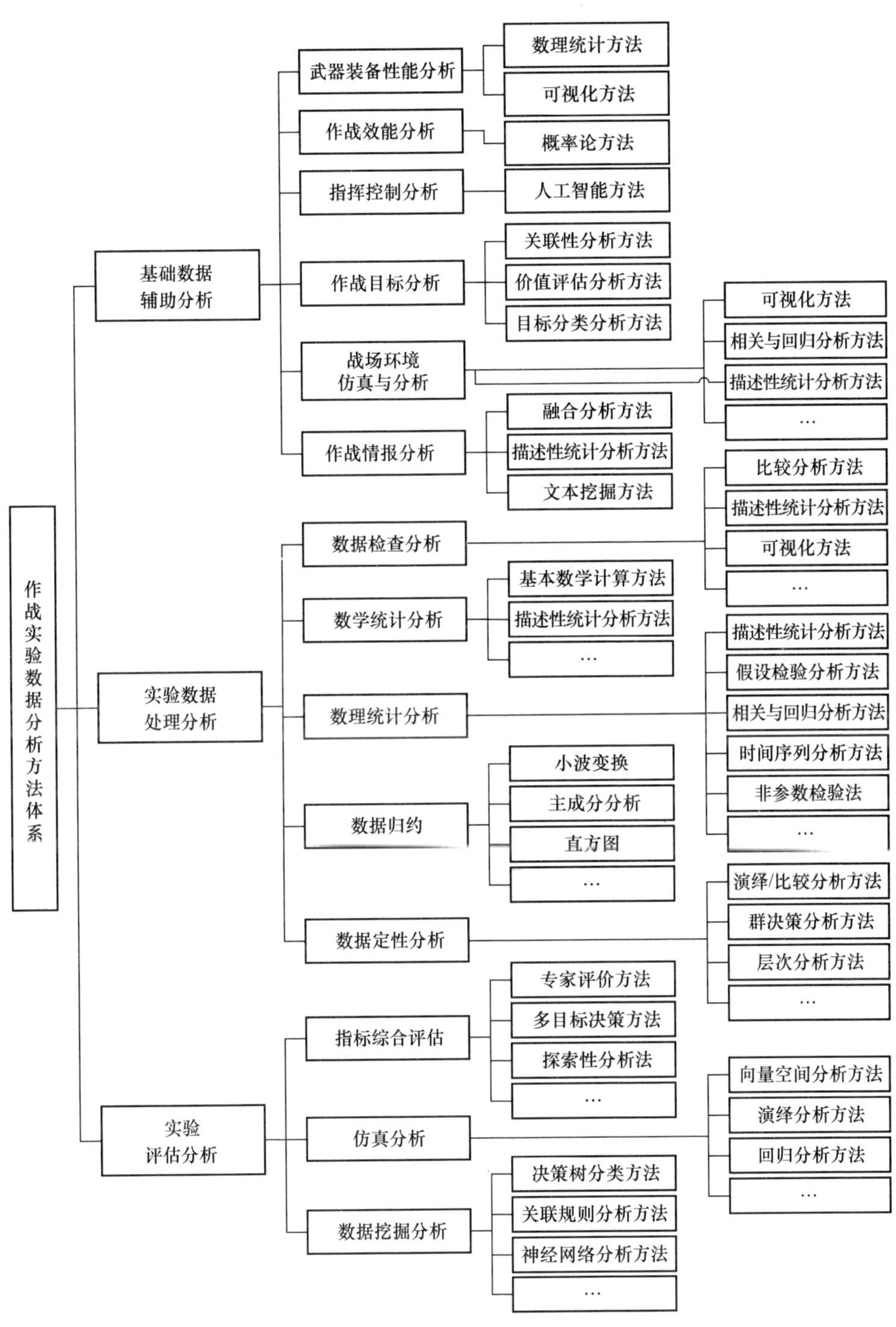

图 7-2　陆军作战实验数据分析方法应用视图

（1）从陆军作战实验目的看，对基础数据分析的重点在于统计和对比，如交战双方初始力量总体衡量和优劣势评估。基础数据分析常用数理统计、可视化及少量文本挖掘方法完成。

（2）实验数据处理分析是对实验结果前期较低层次的处理，为后续实验评估分析奠定基础。比如，检查分析就是通过离群点发现并剔除可能的异常数据，为深度分析提高数据质量。数据定性分析则由军事专家根据直观的经验分析判断并形成结论。

（3）实验评估分析主要包括指标综合评估、仿真分析和数据挖掘分析，其中：指标综合评估通过评估问题定义、评估指标确定、数据收集、解析计算、结果解释等步骤完成评估分析；而仿真和数据挖掘分析则分别借助模拟仿真模型和挖掘算法来评估作战实验结果。未来陆军作战实验数据不可避免地呈现大数据特点，如使用数据全集而非样本、以相关关系取代因果关系、容忍不精确性等，可以预见数据挖掘分析方法将会进一步快速发展。

7.2.5 方法体系性质

陆军作战实验数据分析方法体系具有开放性、复杂性和整体涌现性等性质。

（1）开放性。分析方法体系最显著性质是构成内容上的开放性，由于分析方法体系面对的是复杂且不断发展变化的作战实验问题，若固守现有方法，势必难以满足快速发展的现实需要。随着信息处理技术的飞速发展，各种新的数据分析方法不断被创新、改进和修改完善，这些新方法是分析方法体系重要的新鲜血液。这也要求我们必须秉持开放的思维理念，不断吸纳数据分析方法研究领域的最新成果。

（2）复杂性。分析方法体系在构成上不具备简单的层次性，如计算机网络具有的七层体系结构，没有明显的层次划分，层级之间也没有调用、通信连接等关系，纵向上也没有业务类型区别。方法体系内部构成关系是错综复杂且多维度、相互交织的，按照不同的划分维度，某种方法可能分别属于不同的类型，如在某个划分维度下，一种方法属于类型 A，而根据另一划分维度，它又属于类型 B。另外，类型之间没有明显的区分标志。

（3）整体涌现性。整体涌现性是复杂系统的典型特征，要求构成系统的各组成部分不断适应和学习，最终具备新的性质和功能。作战实验数据分析方法的整体涌现性主要体现在两个层次：下层为应用层，通过综合运用不同类型分析方法，实现单个方法无法实现的功能；上层为改进演化层，通过吸收借鉴不同分析方法之优长，改进并演化现有分析方法，产生出具有创新性的新方法，在功能或性能上实现超越，从而表现出整体涌现性。

7.2.6 未来发展趋势

随着新型作战力量在陆战中的出现和运用，未来陆军作战实验复杂性不断加剧，相应地，实验数据的规模和多样性不断增加，实时性要求不断提高，传统统计分析、数据挖掘和机器学习方法将遭遇挑战，需要及时更新理念，运用大数据理论和方法。

未来，陆军作战实验数据分析的趋势在于：①在数据预处理上，数据体量庞大并不意味着数据价值增大，而这往往意味着数据噪音的增多，因此在数据分析前必须对数据进行清洗等预处理。②在实验分析途径上，将由传统因果关系分析向关联关系分析转化。以往的陆军作战实验是在探索和寻求因果之间的关系，而在实验结果数据中，可能因果关系不明确，或者因果关系根本就不存在。而大数据分析的一个重要特征是从因果关系到关联关系探索，即放弃对事情前因后果、来龙去脉的探究，取而代之更加关注因素间的相关性，部分学者认为，以大数据分析揭示事物间相关关系，将产生新的科研范式。因此，陆军作战实验数据在因果关系分析困难的情况下，尝试采用大数据方法转而关注关联关系分析，将是陆军作战实验结果数据分析的又一重要方法和思路。

7.3 作战实验文档

作战实验结果数据中，除结构化的数据外，大部分以半结构化或非结构化的实验文档形式存在，因此，对作战实验文档的分析处理成为作战实验数据分析的一项重要内容。对作战实验文档的处理共包含两个层次：基于内容的管理和基于语义的挖掘分析。

7.3.1 作战实验文档管理

陆军作战实验文档，按照其内容通常分为作战实验情况资料、作战实验过程资料和作战实验结果资料三种类型。

（一）作战实验情况资料

陆军作战实验情况资料，主要是对陆军作战实验构想或设计阶段相关情况的记录。主要内容包括作战实验目的、作战实验背景基本考虑和设置、作战实验方案设计、实验支持系统（或实验所使用模型）、实验数据（规则）等。

陆军作战实验情况资料是作战实验的基本背景和约束条件，可作为实验结果分析的主要参考。在实验中，应注意随时收集实验情况资料，实验结束后做好分类整理和归档。

（二）作战实验过程资料

陆军作战实验过程资料，主要是对作战实验过程的情况记录。主要内容包括：作战实验实际开展情况特别是实验完整过程的记录；作战实验重大调整和修改后相应的实验过程记录等。

陆军作战实验过程资料是对作战实验过程的记录，也是实验结果分析的重要依据。随着信息技术的飞速发展，一些先进的信息技术手段可以用于辅助实验记录，如在综合集成研讨实验中，通常可借助智能语音识别技术，自动将研讨人员语音信息转化成文本信息加以保存。不能由信息系统自动记录的实验过程，应交由专门保障人员负责记录。

（三）作战实验结果资料

陆军作战实验结果资料主要包括模拟仿真结果与综合研讨等资料，例如陆上作战效果统计、人员及主战装备战损情况统计、作战弹药消耗量统计等。从数据格式角度看，陆军作战实验结果资料既包括结构化数据的文档资料，也包括半结构化和非结构化的文档资料。

作战实验结果资料是对作战实验结果的记录，也是进行综合分析论证的重要依据，在实验中，实验结果主要由系统自动记录。

7.3.2 作战实验文档智能检索

陆军作战实验结果既包括结构化数据，也包括大量半结构化、非结构化的文档资料。第 7.2 节所述的实验数据分析方法主要针对结构化数据，但当面对这些数量规模庞大、蕴含信息丰富的半结构化、非结构化文档资料，则需要采用文本分析挖掘和方法进行分析处理。

对半结构化、非结构化的作战实验文档资料进行分析处理，一方面要加强对文档资料的存储和管理，另一方面更要注重对文档资料内容的深度挖掘分析，因此，可分为智能检索和文本挖掘两个层次。文本挖掘将在第 7.3.3 节详细阐述，这里重点分析智能检索。

传统信息查询系统通过检索字进行匹配查询，目前已越来越无法满足智能检索的需要。在陆军作战实验综合集成研讨实验中，专家意见和观点信息都需要更加智能的语义检索支持。

（一）特点和系统结构

陆军作战实验文档智能检索具备以下主要特点：

一是支持语义检索功能而非传统的关键字查询，可根据语义相似度决定检索的结果排序，语义越相近越优先查询到。

二是采用聚类算法将文本、文档等各种类型的数据分成相应的类或组，新增文档则根据这些分类体系“分门别类”地归类。

三是获取用户行为数据（点击打开），判断用户倾向性，进而优先向用户推荐该类数据，这与商务网站用户购物喜好类似。

着眼陆军作战实验未来数据体量剧增、格式各异、实时性要求高的趋势，将实验文档智能检索与大数据处理平台结合，充分利用著名开源大数据处理平台 Hadoop 中 Mahout 提供的推荐系统 Taste，通过定制改造，构建陆军作战实验文档智能检索系统，完成智能检索和用户喜好推荐。此外，根据需要，还可定制基于语义的距离度量算法，支撑作战实验文档的智能检索。Taste 系统结构图见图 7-3。

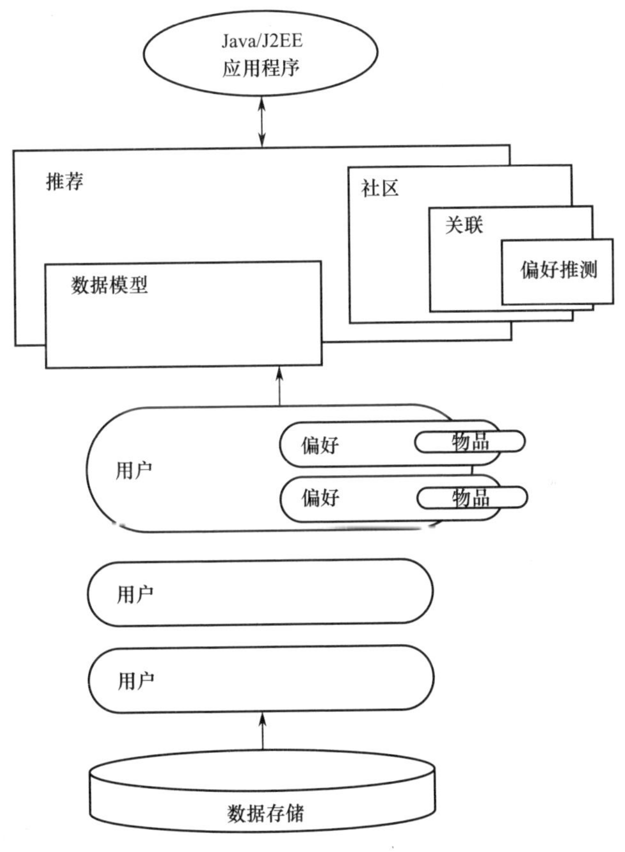

图 7-3　Taste 系统结构图

实验文档智能检索系统中，最基本的组件是表示用户的喜好数据的偏号三元组，表示为（userid，itemid，value），其中的三个元素分别代表用户标识、对象标识和用户对这个对象推荐程序的评分值，通过此三元组就可明确表达某个用户对某个实验数据项的倾向性喜好。

由多个偏号构成的集合是 DataModel，可以认为它是协同过滤用到的 user * item矩阵。DateModel 可以来自数据库、文件或内存。

相似度计算接口是 Similarity，各种相似度计算算法都是继承自这个接口，可通过此接口定制语义度量算法。

Recommender 可利用 Similarity 找到待推荐对象集合后的各种推荐策略，这是最终要交付给使用者的推荐接口。

（二）检索结果

Taste 作为底层实验文档智能检索系统的运行平台，在其上层实现 UI 界面，将检索词作为参数传递给系统即可实现智能检索和推荐。

衡量搜索算法的常用指标是查全率和查准率。通常情况，二者数值越大，搜索算法越优秀，但在大数据查询中，这两个指标相互制约甚至相互矛盾，难于同时达到较大值。这是由于在大数据集中能够查询到的相关性不大的数据所占比重会急剧上升，势必造成查准率下降；而如果想让查询更准确，通常会避免对过多的数据进行索引，因而导致查全率下降。针对这种情况，就需要根据实际情况，具体问题具体分析，在二项指标之间取得平衡。

具体到实验文档智能检索系统的应用中，需要将 Taste 接口的参数设置合理，如 recommend 中 howMany 参数表示向用户推荐搜索结果的数量，系统先以默认值作为参数值，随后根据用户使用习惯“智能”地调整参数值大小。

7.3.3 作战实验文档文本挖掘

陆军作战实验文档的最复杂的分析处理是对文档资料内容的挖掘分析。

（一）文本聚类分析

作战实验文档包含专家宝贵经验和经智力风暴激发而形成的智慧，是作战实验重要的中间产品和资产，对其按内容分类整理及可视化展示是重要的数据分析过程，有助于深化对陆军作战规律性的认识。

当前，此类数据以文本文档为主，体量庞大、层次繁杂、结构复杂，一方面难以按照内容自动分类处理和形式化表达，通常需要专业人员完成，成本较高，另一方面难以多视角、多维度分析，新旧研讨数据之间的融合困难。如果由计算机自动按照研讨内容（主题）聚类，既可将实验人员从琐碎耗时的工作中解脱出来，显著提高实验时效性，又可根据需要设定不同主题规模，自动产生新的聚类结果。

从文本挖掘领域技术现状看，国内外采用 LDA（Latent Dirichlet Allocation，LDA）模型针对社会媒体、短文本展开主题挖掘、话题演化和语义分析取得较好的效果，该模型是在潜语义分析（Latent Semantic Analysis，LAS）和概率潜语义分析（Probabilistic Latent Semantic Analysis，PLSA）基础上发展起来的一种主题模型，包含文档、主题和词汇三层，其中文档由若干主题构成，而主题则是一系列词汇的某个概率分布，这一思想符合综合集成研讨实验结果文档的实际情况，通过主题建模将文档分解成主题，再对每个主题通过聚类分析确定其在整个文档中的相互关系。

将 LDA 引入综合集成研讨实验的数据分析，建立陆军作战实验话题模型，可采用传统的欧氏、余弦及曼哈顿等语义距离测度方法。

（二）研讨话题发现

运用传统关键词方法，对以文档格式存储的综合集成研讨实验文档进行挖掘分析，是典型的高维数据挖掘问题，比较复杂，存在的主要问题有：①基于关键词的挖掘可能会丢失重要的语义逻辑特征；②由于关键词数量规模庞大，会面临高维稀疏问题；③面对新文档时的扩展性差。当前，在对综合集成研讨实验文档进行聚类分析时，通常避免直接将文档视为关键词集合，而是引入潜在狄利克雷分配模型（Latent Dirichlet Allocation，LDA），通过建立“文档—主题—词汇”自顶向下的三层结构模型，避免抓住关键词却丢失研讨主题。图 7-4所示为三层主题模型与两层模型间的对照图。

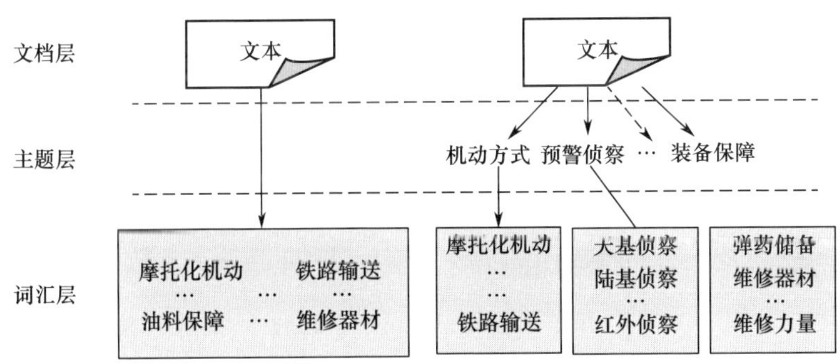

图 7-4　三层主题模型与两层模型间对照图

LDA 模型在挖掘分析综合集成研讨实验文档时，具有的一个优点是，当含义相同或相近的词汇在不同话题中出现时，不会将它们视为相同或相近，这符合人类语义逻辑的实际。例如“武装直升机”出现在侦察情报、作战行动、战损评估、装备保障等话题时，其含义不尽相同。在侦察情报研判话题中，飞机归属方、机型、数量等词汇的贡献率较大，而在作战行动分析话题中，位置坐标、航行轨迹、飞行高度等词汇的贡献率较大，由此可以看出它在不同主题中的贡献率（权重）也不相同，而 LDA 模型的优势就在于可以准确地根据话题进行语义区分。

另外，LDA 模型的另一个优势在于它既能把词汇聚类成话题，也能把文档聚合成多个话题的混合体，这对于陆军作战复杂多层次的语义建模具有重要意义。

LDA 主题模型具有良好的文本数据降维能力，处理海量数据性能优异，已经被大数据分析工具 Mahout 所支持，近年在文本分类、信息检索、多文档自动文摘等领域得到广泛应用，能够应对未来大数据挑战。

综合集成研讨实验的话题在时间维上的延续构成话题的演变，主要体现为话题的同一性和关联性分析，采用 LDA 模型对综合集成研讨结果进行聚类研究，也能够为未来综合集成研讨实验的话题演变智能化分析提供支持。

（三）语义度量算法

由于利用本体进行知识表示具有诸多优点，其研究已成体系，在知识工程领域应用非常广泛，因此可以采用本体作为陆军综合集成研讨实验数据语义概念相似性度量的方法。

本体原属哲学概念，近年人们将其引入知识工程界。“本体是领域概念模型的显式表示”是目前关于本体较为公认的定义。本体通过建立领域内公认的概念集合，将领域内词汇的内涵及其上下位关系以形式化方式表示出来，具有语义明确、表述形式化的特点，目前已广泛应用于知识表示领域。

由于研讨数据语义度量是多维空间的度量，因此，既要定义语义距离度量计算方法，也要引入层次深度这一概念，来解决跨层次术语间语义度量问题。

（1）主题同一性。

设 x 和 y 是陆军作战领域本体树中任意两个节点，$R(x, y)$ 表示二者之间路径长度，则节点 x 和 y 之间的语义距离定义为

$$\mathrm{Dis}(x,y) = \frac{\partial}{\mathrm{e}^{R(x,y)} - 1 + \partial} \quad (\text{其中}\partial\text{ 为调节参数})$$

式中：R 为 x 和 y 之间的语义相似度，可通过领域本体相关方法确定，其中：当二者相似度 R 为 0 时，其语义距离为 1；而当相似度 R 为 ∞ 时，语义距离为 0，即两个节点近似相同。

（2）主题相关性。

设 x 和 y 是陆军作战领域本体树中任意两个节点，$L(x)$ 和 $L(y)$ 分别表示节点 x 和 y 在本体树中的层次深度，则二者之间层次深度 $\mathrm{Lhd}(x,y)$ 可以表示为

$$\mathrm{Lhd}(x,y) = |L(x) - L(y)|$$

本体通常可以表示为一棵具有根节点的树，而 $L(x)$ 和 $L(y)$ 则分别为节点 x 和 y 相对于根节点的连接距离，深度值越大，距离根节点越远，也更靠近树的底层。

层次深度差对概念语义相似度的影响可以表示为

$$\mathrm{SLhd}(x,y) = \ln \frac{L(x) + L(y)}{|L(x) - L(y)|}$$

通过定义层次深度，不仅可以防止文本聚类后同一簇内各词汇处于不同层级，带来词汇间概率分布失衡问题，也有利于结果解读。

7.4　作战实验结论

陆军作战实验及实验结果的分析处理，会产生作战实验结果，但这些作战实验结果并不等同于作战实验结论。对这些作战实验结果进行评估和分析，就是要采用多种分析方法对其进行综合分析与深度挖掘，并借用可视化技术手段呈现给作战实验人员，以便洞察到作战实验研究问题的深层次规律，并最终辅助实验人员得出作战实验结论。

7.4.1　作战实验结果的评估分析

传统作战实验结果评估分析建立在经典数学和物理理论基础之上，主要包括指标综合、回归分析、假设检验、灵敏度分析等。随着对军事系统复杂性认识的不断深入，产生了探索性分析、联机分析处理、数据挖掘等作战实验结果评估分析的新方法。

（一）指标综合

作战实验结果的评估分析离不开指标的综合。典型的如作战能力检验评估，就是为作战能力检验评估建立一整套评估指标，并设置各指标的权重，通过对指标项打分，进而根据指标权重综合得出最终的作战能力评估值。最常见的指标综合是加权求和模型，综合结果突出了量值较大和权重系统较大的指标在整个指标体系中的地位和作用。另外，还有几何均值合成模型，适用于各子指标间具有强关联关系的场景，弱化了权重系数的作用。

（二）回归分析

回归分析是研究各变量之间相关关系的数学工具模型。应用于陆军作战实验结果评估分析时，通常用于研究因子—指标间关系。回归分析又可分为一元线性回归、多元线性回归和非线性回归。

（三）假设检验

数学模型在反映真实的陆军作战时，需要经过一些重要的假设才能构建起来。而这些模型假设可分为结构假设和数据假设，其中：结构假设是对实际系统的简化和抽象，或者是系统最低限度的运行条件；数据假设是对参数和概率分布所做的规定。

假设检验是对陆军作战实验结果统计推断的一项重要技术。在总体的分布函数完全未知，或仅知其形式但不知其具体参数时，为较准确推断总体的某些性质，提出关于总体结构或参数的假设，再根据样本对所提出的假设做出接受或拒绝的判断。

（四）灵敏度分析

灵敏度分析，是指在感兴趣的范围内，系统地改变模型输入变量和参数的值，并观察模型行为国这种改变而发生的变化。根据应用侧重点的不同，灵敏度分析技术主要发挥两种作用：一是改变作战实验数学模型的条件，然后检查仿真结果变化趋势是否符合理论或经验所预计的趋势；二是确定哪些仿真因素对期望的作战实验结果性能有重大影响。灵敏度分析的通常包括5个步骤：①建立输入输出回归模型；②选择最优回归模型；③检验回归模型的有效性；④制作输入/输出变量影响网线图；⑤计算灵敏度系数。

（五）探索性分析

目前，复杂系统分析方法中应用较广泛的一种方法是探索性分析方法。探索性分析方法是一种新的国防系统分析方法，与传统分析方法的主要区别体现在：对系统的分析和研究是基于想定空间，而不是基于特定想定。因此，它能够充分考虑所有合理想定情况，改进并加强对不确定性的研究，增强了对问题的认识；同时提供更多的信息来解释在传统的灵敏度分析中所遇到的问题，使决策都能够广泛地试探各种可能的结果，从而选择适应更多不同想定环境的方案。探索性分析方法主要有三种：参数探索；概率探索；混合探索。

（六）联机分析处理

联机分析处理（OLAP）是一种自上而下、不断深入的快速分析技术。传统的查询和报表工具只能告诉用户数据库中有什么内容，OLAP 则更进一步告诉用户下一步会怎样，如果采取某种措施又会怎么样。OLAP 分析员首先提出一系列假设，然后通过 OLAP 检索数据库从上至下深入地提取出关于该问题的详细信息，证实或推翻这些假设来得到自己最终的结论。这一分析过程本质上是一个演绎推理的过程。

在作战实验结果评估分析中，利用 OLAP 对原始采集数据和经过一定处理的数据，以一种能够真正为用户所理解的快速交互式分析进行分析，进而获得对作战实验数据更深入的理解。

（七）数据挖掘

数据挖掘是指在海量数据中探索数据间关系、利用各种分析工具构建数据分析模型并发同隐藏于数据之中的知识的过程，也是一种深层次的新型数据分析方法。

数据挖掘是集数据库、数理统计、人工智能、可视化、并行计算等知识于一体的技术，理论上可以用于任何数据库。数据挖掘的核心技术很多，如统计分析、集合论方法、关联分析、序列模式分析、聚类分析等。

数据挖掘与查询报表等传统分析方法以及 OLAP 的本质区别在于：前者是在没有明确假设的前提下去挖掘信息，发现知识，所得到的信息通常是预先未知的，也是很难预料到的，甚至与人的直觉相违背，但又非常有用；而后者得到的信息则是浮在表面的，人的直觉能够感受到或与人的直觉较为接近，更多地依靠用户输入问题和假设，但用户先入为主的局限性会限制问题的假设的范围，从而影响最终的结论。

在作战实验结果评估分析中，利用数据挖掘能够将数据库中的有关数据从较低的个体层次抽象总结到较高的总体层次上，从而实现对基本数据的总体把握，还有可能实现作战实验结果数据的自动趋势预测，自动探索之前未能发现的模式。

7.4.2　作战实验结果可视化

陆军作战实验的结论通常隐藏在实验数据和实验过程中。为了将这些结论更加全面准确地发掘和展现出来，就需要在展示功能获得直观经验的基础上，利用分析评估能力获得理性判断。这就需要提供一扇观察甚至进入到实验过程的窗户，让实验分析人员能够将自己的思想和仿真运算结合起来，在人机交互的状态下，共同完成实验任务，并在对作战实验态势进行观察、调整和对实验数据的分析中深入揭示作战问题。

（一）战场环境展示

陆军作战实验通常具有时空约束性，而且陆上作战受战场环境条件影响较大，因此战场环境是陆军作战实验态势展示和分析的重要内容之一。

陆上战场环境包括地理环境、气象环境和空间环境等。若将战场环境视为一种信息系统，则它是具备对各类环境数据存储、组织、编辑、显示和分析等基本功能的信息系统，因此，战场环境展现的前提和基础是战场环境数据。这些数据具有海量、多维度、结构复杂等特点，对战场环境数据的采集、存储、编辑、分析和显示通常要建立在专业的地理信息系统之上，再通过模块扩展，建立气象、海洋、空间环境。

战场态势编辑的目的是让实验人员按照自己的构想对作战实验战场态势进行自主式加工。态势编辑包括态势标绘和复现场景编辑两个方面。

（1）态势标绘功能满足了实验人员与战场态势之间的直接交互。实验人员可以按照实验想定的规定和对作战实验过程的理解，利用标绘工具在战场环境中反映出兵力编成、作战部署、主要作战事件等。

（2）复现场景编辑功能满足实验人员对作战实验仿真过程的间接交互。通过复现实验场景，可以将仿真实验过程态势表示出来。而复现场景编辑则可以让实验人员特别是军事人员结合实验想定，实现与仿真过程的间接交互。

（二）实验态势表达

实验态势表达功能可提供简便快捷的手段，支持实验人员将实验想定中涉及的多维空间的作战部署、作战决心、作战行动、作战事件、作战效果等显示到作战实验环境中。

（1）态势标绘。对标准二维军标、点状二维军标、空间曲线、文字注释、动态路径、复杂队标进行标绘，可以发挥三个。主要作用：①支持军事人员定性研究和对抗研讨；②在作战实验开始前，进行想定演示和推理；③对复现的作战场景编辑加工，增加实验中没有或不能表现的态势信息。

（2）标绘对象管理。对标绘对象图层、标绘场景时间、标绘权限等进行有效管理，可以提高标绘过程的便利性，实现标绘结果共享，提高标绘环境的可用性。

（3）场景推演。标绘产生的场景，在一般的态势展示功能基础上，结合标绘对象的时间属性设置，实现场景的动态推演功能。在进行仿真之前，快速地对方案的大致过程进行展示和分析，及时发现其中明显不符合作战规则的缺陷，在仿真实验之前及时修改完善方案。

（三）实验仿真过程态势展现

实验仿真过程展现要避免流程化、演示性的展示模式，实现更人性化的交互式态势展示，确保实验人员对实验场景的精确化、交互式控制，从而让实验人员能够在完成仿真运算后，重复地观察和对照实验条件、过程和结果，全面了解作战实验过程中的整体态势、关键环节和重要数据变化。通过多方案展示功能，可以对不同实验条件的想定方案进行对比展示，从而让实验人员对实验条件组合和得到的实验结论进行关联分析，达到通过作战实验解释作战规则、发现作战规律、解决作战问题的目的。

作战实验仿真过程态势展现，是将作战实验仿真过程从不可视的数据空间转换成可视的态势场景，从而让实验人员深入观察仿真过程，判断仿真系统运行与实验想定的拟合程度，从而升华对作战实验的认知。

（1）作战实验仿真过程复现。将作战实验中仿真系统产生的实验过程数据，抽取出其中的态势要素，并与具体的标号、模型或其他信息表现形式相关联、结合，直观地表现为态势场景。实验场景复现要能够保证陆地、低空、电磁以及信息领域典型作战行动表现的需要，做到视觉上效果逼真，过程上符合军事规则，表现上满足军事人员认知习惯。

（2）态势场景时序控制。为了让实验人员更精确地控制场景的展示内容，实现对作战实验过程中特定片断的截取、回放、跳转等控制，需要通过关键点标记作战实验过程中事件起始，便于过程展示中的调用。分段展示就是利用关键点标记对事件和关键内容进行反复推理、逻辑跳转。程序控制则是通过脚本程序控制过程展示的内容和跳转关系。

（3）多方案对比展示。通过多方案场景联动，以多窗口关联和对比的方式，展示出作战实验条件组合对作战事件、作战规则的影响，从而深入揭示作战实验中条件设定与实验结果之间的内在关系。多方案展示包括多方案同步展示、多方案异步展示。

（四）实验过程态势分析

作战实验过程态势分析是通过对作战实验仿真或分析过程态势要素数据的抽取、挖掘、表示等综合处理，采用统计图、表、态势报等可视化手段，实现实验过程态势觉察、理解和预测，辅助对实验过程进行解释和分析。实验过程态势分析与实验过程综合展现相配合，可以较全面展示和分析实验过程，达到通过作战实验发现问题、分析原因、总结规律、改进完善的目的。具体来讲，需要对下列内容进行分析。

（1）对作战实验环境条件的分析，包括对天时、地利、人和等因素的分析和评估，如大气条件的利弊、有无地利、对既定作战行动和作战样式有哪些障碍等。这些因素主要是战争开始前的背景和影响作战的条件，不涉及对作战的具体分析。

（2）对作战实验静态部署的分析，是以战场环境为基础，结合选定的地域，按兵力兵器类别、突击方向、作战目标、效果优化等方式进行分析评估，从而对部署的战场态势进行深入揭示。

（3）对作战实验变化过程的分析，是以作战部署为基础，结合作战实验中各种力量的运用和战斗战役阶段划分，对打击范围、目标实现程度、后续影响、关键点威胁度等进行分析评估，从而深入揭示作战实验过程的态势变化和作战效果。

（4）对作战实验仿真结果的分析，是以上述分析为基础，提取几个关键因素，评估改变因素会对作战效果产生的影响，并与实验结果相对比，提出态势分析的结论，并对作战实验过程提出建议。

（五）实验交互控制

作战实验结果展示与分析的主要目的，就是让作战实验人员更深入、全面地参与到作战实验过程中，实现与战场环境、仿真过程的交互控制。交互控制主要分为两类：一类是数据交互，主要实现仿真系统—仿真过程数据库—态势展示—想定方案—仿真系统的数据循环过程；另一类是人机交互，主要实现实验人员对战场态势和实验仿真过程的综合展现、精确控制和深入分析。

（1）数据交互过程。

陆军作战实验数据交互控制主要包括从仿真系统到仿真过程数据、从仿真数据到战场态势、从战场态势到作战想定、从作战想定到仿真系统等四个过程。

一是从仿真系统到仿真过程。陆军模拟仿真作战实验中采用仿真支持系统，在实验过程会产生规模较大的中间数据，这些中间数据详细反映了这些系统的模型运算、规则推理、效果分析、统计评估等计算过程，是研究作战实验过程、分析作战效果的基本依据。

二是从仿真数据到战场态势。通过对作战实验数据的处理，获取实验中涉及的环境、装备、目标、事件、时间关系、作战效果等，通过技术手段使这些信息可视化，使实验人员能够更加全面、深入地理解作战实验运筹分析与仿真过程，更直观地理解作战实验结果。

三是从战场态势到作战想定。实现态势到想定的转变，关键是设计出态势文件与想定文件的转换规则。作战实验人员可以对数据还原出的战场态势进行编辑，使之更符合实验要求；也可根据自己的设想，以态势标绘工具为基础构建出二维战场态势。依据转换规则，将作战实验的态势场景转换成格式化的想定文件。

四是从作战想定到仿真系统。新生成的想定文件，在实验场景的基础上进行态势编辑，使态势信息更符合实验过程的需要。这个新的想定文件可以再次输入到仿真和分析系统中进行运筹分析，验证修改后的效果及其与原来运行过程的差异。

（2）人机交互过程。

陆军作战实验人机交互控制主要包括作战实验战场态势编辑、实验仿真过程展示、实验过程态势分析、作战实验想定编辑等四个过程。

一是作战实验战场态势编辑。战场态势编辑包括态势标绘和复现场景编辑两个方面，目的是让实验人员根据自己的构想对作战实验战场态势进行自主式加工。态势标绘主要满足实验人员与战场态势之间的直接交互，实验人员可按照实验想定的规定和对作战实验过程的理解，利用标绘工具在战场环境中反映出兵力编成、作战部署、主要作战事件等。复现场景编辑主要满足实验人员对作战实验仿真过程的间接交互，通过复现实验场景，可以将仿真实验过程态势表示出来。

二是实验仿真过程展示。目的是实现更人性化的交互式态势展示，确保实验人员对实验场景的精确化、交互式控制，从而让实验人员能够在完成仿真运算后，重复地观察和对照实验条件、过程和结果，全面了解作战实验过程中的整体态势、关键环节和重要数据变化。通过多方案展示功能，可以对不同实验条件的想定方案进行对比展示，从而让实验人员对实验条件组合和得到的实验结论进行关联分析，达到通过作战实验解释作战规则、发现作战规律、解决作战问题的目的。

三是实验过程态势分析。目的是针对作战实验过程的一个或多个方案，分析其中的作战活动、事件、时间、位置和兵力要素，将战斗力量分布、活动和战场周围环境、敌作战意图及敌机动性有机地联系起来，最终形成对战场态势的综合分析结论，辅助作战实验人员对战场发展做出预测，对作战实验的下一步的操作做出正确的判断。

四是作战实验想定编辑。作战实验想定编辑是人机交互功能之一，是依托想定编辑器，按照前期对实验过程的反馈，由实验人员对想定进行编辑修改，从而将实验中发现的问题、通过实验产生的新思想等，在以后的实验中进行验证。

第8章 作战实验发展趋势

自20世纪90年代以来，信息技术等高新技术在军事领域得到深入广泛应用，世界主要国家信息化转型不断加速推进，信息化战争面貌日新月异，这些都极大地推动了作战实验的快速发展。作战实验未来长期任务，是建设面向战略决策、战役作战、军队建设等领域的作战实验支持工具、系统和环境，以满足军事科研的需要和国家建设的需要。从应用需求、技术可行性、发展现状等方面分析，作战实验未来将呈现出一些新的发展特征。

8.1 作战背景一体联合

信息时代，联合作战成为基本作战样式，局部战争是体系与体系的对抗，是在陆、海、空、天、电等多维战场空间进行的整体较量。战场的胜负取决于交战双方整体力量的强弱，各军兵种既相互关联，又相互影响，但其中任何单一军兵种都难以决定战争的胜负，只有密切协调配合，发挥体系作战能力优势，才能最终赢得胜利。美军在《2020年联合构想》中就明确提出了一体化联合作战概念，并要求建立最有效的联合部队，在《联合转型发展规划》中又提出了内聚式联合，要求部队一开始就是联合的，一体化联合作战就是美军一直致力于向高层次推进的联合作战。

在信息化战争日趋联合一体的背景下，作战实验作为战争的预实践活动，非常强调作战背景条件设置的联合化。首先，在同一联合作战想定下检验各军种的作战实验。其次，联合作战实验渗透参与到军种的实验中去。最后，各军种和作战司令部作战实验开始越来越多地邀请其他军种、盟国部队参加，成为突出军种需求的联合作战实验。

8.2 平台功能综合化

作战实验平台是由众多功能要素构成的，它们就像一个个的功能模块，组合集成在一起，成为一个大系统，各种系统再综合起来，就形成一个大的体系。由于未来作战是信息化条件下的联合作战，信息的分发与共享是未来作战的显著特点，因此各军兵种、各级别、各层次作战实验室间的互联、互通与互操作将是未来作战实验平台建设的重要发展方向之一，为此必须大力推进各军兵种、各级别、各层次作战实验平台建设，逐步构建以综合虚拟战场环境为基础实验环境的作战实验室群体，各级各类作战实验室要在信息上实现资源共享、模型上实现互联互通，逐步实现全军军兵种、科研机构、院校主要作战实验室的分布式综合集成，最后形成全军一体化的综合作战实验环境。

一是系统融合。系统融合是将管理信息系统、辅助决策系统、军事专家系统、地理信息系统等多种不同的系统综合在一起，以数据库、知识库、方法库和推理机等子系统为核心，将建模、仿真、优化、分析等多种功能综合在一个大系统中，提高作战实验支持能力。

二是软件集成。软件集成是指通用的组件和模型库中专用的子模型都可用来拼装，就像用零件、部件装配成大机器一样，从而把数据、模型、系统、工具等软件资源集成在一起，把各种服务功能集成在一起，形成统一的面向作战实验应用与管理的技术支撑与服务体系，满足各种应用需求。美军在作战实验环境建设中逐渐认识到，随着军种实验次数的增多和实验内容的不断深入，军种实验以及以军种为主的联合实验，都根据本军种的能力需求，拟制一套新的作战想定，建立独立的实验环境，既是对现有实验资源的浪费，也无法使各军种的能力实现有效的联合。

三是真实系统与仿真系统的联结。将真实系统与仿真系统进行联结，使真实兵力和模拟兵力融合，不但能够取得一定的实验效果，还能节省费用。实验中越来越多地采用真实作战流程，也增加了实验的真实性，使实验中越来越多地采用真实作战流程，也增加了实验的真实性，使实验结果更加符合实际作战需要。美国空军主办的联合远征部队实验，由内利斯综合航天作战中心（CAOC）构造出真实作战环境的物理空间，2006 年第一次使用集成的方法，直接把新技术的测试和评估纳入到实验活动中，更好地描述了空天作战的过程。

8.3　技术手段智能化

随着人工智能、“互联网 +”、超算技术在军事领域的广泛运用，战争方式正迅速从信息化向智能化作战演变，呈现出信息生“智”、以“智”赋“能”、“智”主释“能”等新特征。传统作战实验的建模与仿真，主要采用确定型算法或随机模型描述作战指挥和武器装备使用过程，只能考虑影响作战进程中易于定量分析的因素，对作战过程中其他不易定量分析因素的变化反应不敏感，特别是无法描述军事人员在战法运用中独特的思维过程，因此大大影响了建模与仿真的精度。而人工智能则是以专家的知识、经验为基础，以思维推理式的定性分析为主，以人类自然语言的方式工作，可处理非数值信息，解决作战实验中无法处理的非结构性问题。人工智能融入作战实验系统后，可以模仿推演人员的智能活动，自动生成、分析、处理信息，自动模拟双方交战赛程，并按要求给出指定时刻的结果。信息化向智能化作战转型，将会打破多领域的行业壁垒，开放、流转、运用好作战数据，对现有的体系作战力量进行重组重构，对人工智能辅助决策流程进行再造，使实验系统在信息网络、大数据、云计算和人工智能等技术的支撑下，具有辨别是非、自主行为的能力，可按照人类事先设定的规则或算法，进行“类脑”的思维活动。它不仅能使作战实验系统具有了自适应化、精准化特点，而且还能够通过敌我双方的信息博弈，自主发现并判明敌作战体系弱点，提供人工智能辅助决策的目标规划、任务规划和行动规划，为指挥员快速、精准决策提供科学依据。基于大数据的战略分析自主设计战争、学习战争，基于海量数据的“云计算”提供战争目的、战争手段、战争方式的辅助决策方案，优选体系作战计划，并分别对不同战争辅助决策方案，进行达成战争目的、战役作战指标成功概率、风险概率、人员伤亡和战争损耗的深算、精算和细算。基于大数据的海量信息收集和深度学习，实现自主纠偏、自主行动、自适应协同，也就是说信息化向智能化作战转型的过程中，其作战体系架构是具有深度学习能力的人工神经网络，并由此产生机器智能。

8.4 信息交互网络化

任何单一军兵种或部门、机构都无法单靠自己的力量来研制一个具有广泛适应性的作战实验系统，单一的作战实验系统一般只具备单一的功能，难以满足未来信息化战争联合作战和体系对抗的需求。为有效解决这一问题，必然要求把广域分布的各个作战实验资源连接起来，形成一个网络，从而在集成中实现作战实验能力的提升。而当前正在快速发展的分布式交互仿真技术则为作战实验的网络化、一体化提供了可能。

分布式交互仿真，是建立在网络基础上把分布在不同地点的系统联结起来，在人工合成的数字环境中，形成一个在时间和空间上互相耦合、同时共享一个虚拟作战环境而进行体系对抗的仿真。这样，军兵种协同推演变得更加灵活方便，节省了部队、装备、设施的转移费用和资源的消耗，可以以较小的代价和较短的时间实施大规模的演习，并能通过推演发现大量实战中可能出现的问题，有利于作战研究和提高训练效益。

20 世纪 80 年代末，美国国防部开始研究使用聚合级作战仿真为联合演习提供支持。所谓聚合级仿真，是指挥团、营、连等部队单元级的构造仿真，而不是单个作战人员和实体的仿真。按 DIS 标准构成的仿真系统用于平台级实时连续系统的描述，聚合级仿真协议（ALSP）用于分布的聚合级以离散事件为主的作战仿真系统，它实质上是“构造仿真”。构造仿真的时间管理不同于 DIS 系统，它不一定与实际时钟直接联系，而是采用时间步长、事件驱动等方法，保证聚合级的分布构造仿真系统的体系结构、标准和相应的关键技术。美军将基于 ALSP 标准的分布交互仿真系统应用于 1992 年、1994 年和 1996 年的军事演习，使 ALSP 标准得到了改进和完善。1995 年美国国防部发布了针对建模与仿真领域的通用技术框架，该框架由任务空间概念模型、高层体系结构（HLA）和一系列的数据标准三部分组成，其中高层体系结构是通用框架的核心内容。目前，美国国防部已宣布不再支持非 HLA 标准的仿真系统，HLA 已经成为分布交互仿真系统普遍采用的标准。

随着分布式交互仿真技术的不断发展，各类标准的开发、制定与完善，以及相应的支撑软件的研究开发，分布式交互仿真技术已经引起各个研究机构的高度重视，并且逐渐应用于实际的系统。

8.5　模拟仿真一体化

信息时代，模拟仿真成为作战实验中集约高效的常用方式。但是单一的模拟仿真系统，难以满足信息化战争体系与体系对抗的要求，而在模拟作战实验网络支持下，将不同地域、单位的模拟仿真训练系统“集成一体”实施联训，可有效实现诸军兵种训练的深度融合，进而通过大空间、诸军兵种的多批次分布联训，发现和解决未来战场可能出现的问题。指挥院校应尽快列装先进的模拟仿真系统、器材，通过课堂对接战场，生成学员指挥能力。

作战实验中，主要运用到 3 种类型仿真，即真实仿真、虚拟仿真和构造仿真。其中：真实仿真是真实的人在实际的条件下操纵真实的装备；虚拟仿真是真实的人员操纵仿真的装备；构造仿真是仿真的人员操纵仿真的装备。虚拟仿真和真实仿真运行一些关键的实例，能够提供较好的真实性，提供人性因素和其他的关键数据；构造仿真能够比虚拟/真实仿真支持运行多个回合，更好地控制变量，用以探索多个想定和假设，研究敏感性，判断因果关系。因此，必须结合 3 种不同类型仿真的优点，实现 3 种仿真的无缝结合，提供所有层次上仿真器和仿真模型的互操作性。在体系构筑上，无缝仿真将在分布交互仿真的基础上沿着 3 个方向进一步拓展：①垂直扩展，即从包含了数百台仿真设备的战术级规模扩展到联合/战区级的指挥水平上；②水平扩展，即希望从主要针对平台的应用，扩展到最终能包含所有的战场功能区域；③面向应用的扩展，包括联网的单兵“虚拟现实”终端、平台级仿真、聚合级作战仿真、计算机生成兵力、实际作战装备、多分辨率的仿真实体等多种类型。对用户来讲，存在于这些实体间的技术“缝隙”将被隐藏起来，真正实现所谓“无缝”的仿真。

美军自20世纪90年代开始采用LVC方法进行综合训练，并在随后的多次联合演习中证明了这种方法的有效性，2008年美军发布了LVC体系架构路线图，用于指导未来的LVC体系结构建设。L（Live）为实兵训练，即以真实的人操作真实的系统，表现为传统的实兵演习；V（Virtual Simulation）为虚拟模拟，即真实的人操作虚拟的系统，表现为决策指挥训练以及模拟器系统；C（Construction Simulation）为推演模拟，即虚拟的人操作虚拟的系统，表现为计算机兵棋推演、计算机作战模拟和武器装备系统仿真等。为了支持LVC训练，美军联合作战司令部提出组建JLVC联邦作为LVC训练的技术支撑环境。JLVC联邦是由多个推演仿真系统C4I系统接口以及模拟器组成的分布式系统，可以将实兵训练系统、虚拟模拟系统和推演模拟系统互连起来运行，共同支持LVC训练。JLVC联邦采用了较为开放的系统体系架构，兼容吸纳多种技术体系，并制定和遵从了一系列的数据交换标准，解决了一系列异构系统互联运行问题。

8.6 实验环境虚拟化

表现手法是指作战实验过程和结果的呈现方法，灵境即虚拟现实（VR），表现手法的灵境化是指作战实验的逼真性和沉浸感。传统的作战实验运用沙盘、地图、计算机等工具简单地表现作战实验内容，在实验空间方面则以三维为主。而随着战争复杂性和信息技术的发展，以及作战实验内在要求，作战实验的表现手法发生着重大变化，主要体现在：①作战实验主体从有限的到大规模的实际兵力或虚拟兵力的转变，实验空间也从以三维为主扩展到虚拟空间、认知空间等；②计算机技术的发展使虚拟现实成为可能，它综合了计算机图形技术、计算机仿真技术、传感技术、显示技术等多种高科技最新成果，使人可以“浸入”计算机生成的虚拟环境，直接观察周围环境及事物的内在变化，并能与之发生“交互”作用，使人和计算机很好地“融为一体”，给人一种“身临其境”的感觉。

运用虚拟现实技术实现战场环境仿真，其目的就是构成多维的、可感知的、可度量的、逼真的虚拟战场环境，借此提高参训人员对战场环境的认知效率。在作战实验中，借助于虚拟现实构造的战场环境，可以训练指挥员的指挥决策能力、参谋人员的业务能力、装备操作人员的操作能力。这不仅为研究战争问题、作战指挥和训练提供了科学方法，使研究的进程更加逼真、易于操作、费效比高，并能大大缩短训练时间、更加接近于实战，而且使研究成果更加可信，有利于指挥能力和作战能力和提高。虚拟现实技术作为一门年轻而富有发展潜力的学科，将会不断地得到发展和完善，必将在作战实验中发挥难以估量的作用。如美军开发的“舰艇作战指挥实验室”就能逼真地模拟与真实的舰艇作战指挥中心几乎完全一样的环境，生动的视觉、听觉和效果使受训军官“沉浸”于真实环境之中。

8.7　分析对象综合化

实验结果分析，旨在通过“实验事实”探求“客观事实”。作战实验结果通常在直观上表现为一系列数据，它们是进行客观分析的重要基础，是进行因果分析的重要依据，但是很多都是比较基础、底层的过程数据，尚不能直接用于支持作战实验的分析和实验结论的形成，而且很多数据中也带有随机不确定性的因素，因此需要对这些实验结果进行综合分析，以便校核、验证与确认，对作战实验结果给出科学、客观、准确的评价。一是综合运用各种工具、方法或模型等对这些数据进行分析判断，判断数据的可靠性，剔除不正确、不典型的数据，使实验结果更接近客观事实。二是多种背景人员的参与，由军事人员、实验人员和技术人员等参与，集中各类人员的智慧，共同研究得到的数据结果才能可用、好用。三是与训练、演习紧密结合，通过与历史事实分析比较，与训练、演习数据进行比较，增强实验结果的可信度。

比如，美军在“联合作战分布式信息系统（JTIDS）特别行动工程”研究中发现，在空中交战中，装备数据链终端较仅装备语音通信设备时的作战能力有大幅提高。为了找出其中原因，美国防部长办公室和兰德公司共同开展实验进行研究，分别统计红蓝双方 12000 次交战结果，选出相关数据，并由经验丰富的飞行员通过面谈方式进行验证，最终得出结论：“蓝方战斗机在数据链的支持下，掌握了战场态势，获得了战术优势，从而提高了作战能力。”

参 考 文 献

[1] 吕跃广. 作战实验 [M]. 北京：国防工业出版社，2007.

[2] 卜先锦，张德群. 作战实验学教程 [M]. 北京：军事科学出版社，2013.

[3] 李策，申天良. 陆军作战实验概论 [M]. 北京：军事科学出版社，2016.

[4] 爱因斯坦·英费尔德. 物理学的进化 [M]. 周肇威，译. 长沙：湖南教育出版社，2007.

[5] 中共中央马克思恩格斯列宁斯大林著作编译局. 马克思恩格斯选集（第二卷）[M]. 北京：人民出版社，2012.

[6] 党崇民. 联合作战学 [M]. 北京：解放军出版社，2009.

[7] 杨保明. 陆上联合作战研究总论 [M]. 北京：解放军出版社，2011.

[8] 战晓苏. 作战实验工程基础教程 [M]. 北京：军事科学出版社，2013.

[9] 李辉. 美军作战实验研究教程 [M]. 北京：军事科学出版社，2013.

[10] 幺兴远. 海军战法检验研究 [M]. 北京：海潮出版社，2004.

[11] 陈建华. 舰艇战法实验与分析 [M]. 北京：国防工业出版社，2010.

[12] 张野鹏. 作战实验与作战实验室 [M]. 北京：解放军出版社，2007.

[13] 王志邦. 陆军作战实验理论与实践 [M]. 北京：海潮出版社，2009.

[14] 王辉青. 论作战实验的科学基础和认知特征 [J]. 中国军事科学，2007，20（3）：1-5.

[15] 沈寿林，等. 作战实验——战争预实践的有效方法和手段 [J]. 中国军事科学，2007，20（3）：6-12.

[16] 江敬灼. 作战实验若干问题研究 [M]. 北京：军事科学出版社，2010.

[17] 曹裕华，管清波，白洪波. 作战实验理论与技术 [M]. 北京：国防工业出版社，2013.

[18] 孙少斌，等. 作战实验组织实施框架设计 [J]. 火力与指挥控制，2017，42（2）：176-179，182.

[19] 卜先锦. 作战实验事后分析研究 [J]. 军事运筹与系统工程，2014，28（4）：54-58.

[20] 曾亮，等. 计算机 a 生成群体兵力系统中的想定生成系统实现 [J]. 计算机应用，2009，29（S1）：305-308.

[21] 卜先锦，等. 作战实验点设计研究 [J]. 军事运筹与系统工程，2010，24（2）：61-66.

[22] 郝旭东，等. 探索性分析在作战实验中的应用 [J]. 指挥控制与仿真，2014，36（4）：118-122.

[23] 张英，等. 基于 UML 的作战实验想定设计 [J]. 指挥控制与仿真，2015，37（2）：86-91.

[24] 康雪刚. 作战实验事后关联分析及应用研究 [J]. 舰船电子工程，2015，35（08）：130-133.

[25] 程永军，等. 作战实验态势展示与分析框架设计 [J]. 军事运筹与系统工程，2012，26（3）：27-30.